생활밀착형 윤리 솔루션

이제, 좋은 어른이 될 시간

생활밀착형 윤리 솔루션
이제, 좋은 어른이 될 시간

초판 1쇄 발행 2021년 8월 31일
초판 2쇄 발행 2023년 10월 16일

지은이 김혜영
발행인 권윤삼
발행처 (주)연암사

등록번호 제2002-000484호
주 소 서울시 마포구 월드컵로165-4
전 화 02-3142-7594
팩 스 02-3142-9784

ISBN 979-11-5558-098-1 03190

값은 뒤표지에 있습니다. 잘못된 책은 바꿔드립니다.

연암사의 책은 독자가 만듭니다. 독자 여러분들의 소중한 의견을 기다립니다.
트위터 @yeonamsa
이메일 yeonamsa@gmail.com

생활밀착형 윤리 솔루션

이제, 좋은 어른이 될 시간

김혜영 지음

연암사

당신은 아이들에게 어떤 어른입니까?

"당신에게 10억 원을 준다면 범죄를 저지르고 1년 정도 감옥에 갈 수 있나요?"

이 질문에 대한 당신의 대답이 궁금합니다. 청소년들은 이 질문에 어떤 대답을 했을까요? 2019년 흥사단 투명사회본부 윤리연구센터가 전국의 초·중·고등학생 2만 명을 대상으로 설문 조사한 결과, 고등학생의 57.2퍼센트가 10억 원을 받는다면 범죄를 저지르고 1년 정도 감옥에 갈 수 있다고 답했습니다. 응답한 고등학생의 절반 이상이 10억 원을 받는 대가로 '위법'을 선택했다는 사실이 자못 충격적입니다.

그래서일까요? 우리는 뉴스와 신문에서 점점 잔혹해지는 청소년 범죄를 심심치 않게 마주합니다. 만 14세 미만의 범죄자, 즉 촉법소년들은 성인과 같은 형사처벌을 받지 않도록 제한하는 「소년법」이 잔혹한 청소년 범죄에도 합당한지에 대한 갑론을박이 일어나는 것도 당연해 보입니다.

얼마 전 여중생 5명이 또래 여중생을 폭행한 사건이 있었는데요, 그 폭행으로 피해 여학생은 뇌출혈로 병원 치료를 받고 있습니다. 여중생들의 가해 이유와 잔혹함이 아이들의 짓이 맞나 의심스러울 정도입니다. 그런데 가해 학생 중 한 명은 촉법소년이라는 이유로 처벌 대상에서 제외되었습니다. 이에 촉법소년의 처벌을 촉구하는 국민청원도 게시되었죠.

그렇다면 「소년법」을 개정해 처벌을 강화하는 것만이 능사일까요? 결론부터 말씀드리면, 그렇지 않습니다. 물론 「소년법」 개정이 필요해 보이기는 합니다. 그러나 단순히 처벌을 강화한다고 잔혹한 청소년 범죄를 억제할 수 있을까요? 법적 처벌은 사후처리에 집중한 행위입니다. 그러니 우리는 결과가 아닌 근본적 원인, 즉 '왜'에 집중해야 합니다. "왜 우리 아이들은 점점 무서워지는가"를 말입니다. 우리 아이들의 일탈 행동 이면에는 과연 무엇이 존재하는 것일까요?

도박장에는 세 가지가 없다고 합니다. 시계, 창문 그리고 거울입니다. 도박장에 없는 세 가지는 현실을 각성하고 자신을 돌아보게 만들어주는 도구들이죠. 그중 거울은 정확하게 나를 반영합니다. 내가 손을 들면 거울 속의 나도 손을 듭니다. 내가 웃으면 거울 속의 나도 웃죠. 흔히 아이는 어른의 거울이라고 합니다. 어른들이

하는 모든 행동과 사고방식을 모방하고 학습하기 때문이죠. 한때 화제를 모았던 〈우리 아이가 달라졌어요〉라는 텔레비전 프로그램을 기억하시나요? 문제 행동을 보이는 아이들을 관찰하고 원인을 파악한 뒤 해결책을 제시하는 프로그램이었습니다. 실제로 대부분의 아이들이 문제 행동을 개선해 많은 관심과 인기를 끌었습니다. 그런데 욕을 하는 아이, 소리를 지르는 아이, 스마트폰에 중독된 아이들 뒤에는 어김없이 욕과 괴성, 스마트폰에 익숙한 부모가 있었습니다.

모든 현상에는 반드시 이유가 있기 마련입니다. 학교폭력의 가해자 이면에는 가정폭력의 피해자가 있습니다. 모든 학교폭력의 가해자가 가정폭력의 피해자라고 말할 수는 없지만 확률이 높습니다. 폭력은 의식적이든 무의식적이든 학습되기 때문이에요. 아이들의 일탈과 범죄 뒤에는 어른들의 일탈과 범죄가 있습니다. 아이들은 별생각 없이 어른들의 일탈을 모방합니다. 이런 측면에서 모방범죄의 주범은 텔레비전과 영화의 노골적이고 자극적인 장면만이 아닙니다.

부끄러워해야 할 때 부끄러워하지 않는 어른들을 보면서 아이들의 윤리적 민감성은 둔화됩니다. "왕따를 당하는 데에는 다 이유가 있어"라며 왕따 피해자에게 화살을 돌리는 어른들을 보며 폭력의 정당성을 학습합니다. 누군가를 차별함으로써 우월한 위치에 서려는 어른들을 보면서 차별을 당연하게 수용합니다. "나만 아니면 된다"라고 말하는 어른들을 보며 사회공동체 구성원의 책임을 등한시합니다.

가까운 어른들의 크고 작은 일탈, 그리고 일탈 후 대처하는 태도가 청소년 모방범죄의 가장 큰 주범이 될 수 있습니다. 이것이 지금 당장 우리가 좋은 어른이 되어야 하는 이유입니다.

그런데, 사실 우리는 '어른'이라는 타이틀을 갖기까지 '어른이 되는 법'을 배우지 못하고 어른이 되어버렸죠. 어느새 어른이 되었고, 어른으로서의 책임을 요구받게 되었습니다. 한 TV 예능프로에서 '67살이 처음'이라고 인터뷰한 여배우의 말처럼, 우리도 어른이 처음입니다. 그렇지만 분명히 어른다운 좋은 어른은 필요합니다. 매 순간 올바른 선택을 내리는 어른, 안전하고 바른길로 인도하는 어른, 지속가능한 사회를 제시하는 어른 말입니다.

다행히도 우리는 '좋은 어른이 되는 방법'을 알고 있습니다. 그 방법은 '윤리' 안에 숨어 있습니다. 아이들의 왕따, 직장 내 갑질, 사회적 차별과 혐오 등과 같은 비윤리적 행위는 문제 있는 특별한 누군가의 이야기만이 아닙니다. 이런 현상은 지금 바로 어른인 우리에게도 일어날 수 있는 일들이며, 매 순간 우리의 선택을 요구하고 있습니다.

당신이 이런 불편한 상황에 맞닥뜨린다면 어떤 행동을 선택하겠습니까? 어떤 기준으로 선택하시겠습니까? 고리타분하게만 들리던 윤리가 지금부터 당신에게 스마트한 솔루션을 제시할 것입니다.

'세상이 왜 이렇게 돌아가는 거지?'라고 한숨짓기 전에, 우리의 일상을 안전하고 행복하게 지켜내기 위해 어른들이 무엇을 어떻게 하면 좋을지 함께 생각해보면 좋겠습니다.

어쩌다 보니 어른이 되어버린 우리, 이제는 좋은 어른이 될 시간입니다.

초여름, 카페 테라스에서

김혜영

차례
CONTENTS

프롤로그_당신은 아이들에게 어떤 어른입니까? _5

Chapter 1 _____
좋은 어른의 출발, 부끄러워할 줄 아는 용기

📖 부끄러움을 잊은 그들에게 _17
부끄러움을 안다는 것 | 부끄러움 난독증 |
마음의 시스템을 작동하는 법 | 두려움이 일으키는 오작동

📖 누구나 골룸이 될 수 있다 _28
골룸과 스미골의 사이 | 악의 평범성 |
나의 행복과 타인의 불행 사이 | 일상을 위협하는 윤리적 딜레마

📖 부끄러움을 기억하라 _44
부끄러움은 마주할수록 작아진다 |
부끄러움의 절대적 기준을 찾아서 | 골룸이 되지 않기 위하여

◫ 보다 민감하게, 보다 세밀하게 _54

윤리적 민감성을 높여야 하는 이유 | 윤리적 민감성 키우는 방법 1 : 아는 만큼
보인다 | 윤리적 민감성 키우는 방법 2 : 공감 능력을 높여라 | 공감 능력이 사라지는
사회, 권력 중독을 경계하라 | 나의 결정은 누구에게 영향을 미칠까? | 윤리적 민감성
키우는 방법 3 : '왜?'라고 묻기

◫ 있는 그대로를 바라보는 것 _72
흐릿한 시야를 벗어날 때

Chapter 2 ─────────
좋은 선택을 하는 어른

◫ 앎에서 출발하기 _79
무지와 신념이 만나면 사회악이 된다 | 올바른 선택은 있다 |
눈에 그려지듯이 구체적으로

◫ 사소함을 경계하기 _89
나쁜 선택을 하는 4가지 이유 1 : 관행 | 나쁜 선택을 하는 4가지 이유 2 : 무지 | 나쁜
선택을 하는 4가지 이유 3 : 무시 | 나쁜 선택을 하는 4가지 이유 4 : 외압 | 사소함에서
비롯되는 도덕적 해이 | 너무나 사소하고 너무나 인간적인 비윤리

◫ 이건 우리 모두의 문제야 _100
나만 아니면 돼! | '알고 보니' 오류와 '원래 그래' 오류 |
나쁜 놈들이 이기기 쉬운 진짜 이유 | 책임지세요, 우리는 기억할게요

◫ 일상에서 윤리 쌓기 _113
윤리에 대한 근자감? | 윤리적 효능감 높이는 4가지 방법 1 : 원칙 알기 | 윤리적 효능감
높이는 4가지 방법 2 : 사소한 성공 경험 쌓기 | 윤리적 효능감 높이는 4가지 방법
3 : 실패와 성공의 간접경험 쌓기 | 윤리적 효능감 높이는 4가지 방법 4 : 표현하기

Chapter 3 —————
좋은 어른 되기 수업

🪜 미성숙한 아이들의 일탈_학교폭력 _127

우리가 배우지 못한 것 | 가해자, 피해자 그리고 방관자 | 방관자에서 파수꾼으로 | 학교폭력 대응 수칙 1 : 가해자 프로세스 | 학교폭력 대응 수칙 2 : 피해자 프로세스 | 학교폭력 대응 수칙 3 : 제3자 프로세스(친구) | 학교폭력 대응 수칙 4 : 제3자 프로세스(학교)

🪜 우월한 자들의 폭력_직장 내 괴롭힘 _145

갑질의 보편화를 경계하라 | 흔한 갑질의 이유 | 갑질, 어디까지 당해봤나요? 1 : 부당한 지시와 사적 지시 | 갑질, 어디까지 당해봤나요? 2 : 폭언과 폭행 | 갑질, 어디까지 당해봤나요? 3 : 성희롱 | 직장 내 괴롭힘을 정의하라 | 「직장 내 괴롭힘 금지법」 활용법 | 갑질 대응 수칙 1 : 가해자 프로세스 | 갑질 대응 수칙 2 : 피해자 프로세스 | 갑질 대응 수칙 3 : 제3자 프로세스(동료) | 갑질 대응 수칙 4 : 제3자 프로세스(조직)

🪜 다수자들의 변명_차별과 혐오 _178

다름과 차별과 혐오의 상관관계 | 혐오는 자유가 아니다 | 혐오를 생각하는 것과 표현하는 것 | 차별과 혐오 대응 수칙 1 : 가해자 프로세스 | 차별과 혐오 대응 수칙 2 : 피해자 프로세스 | 차별과 혐오 대응 수칙 3 : 제3자 프로세스(주변인) | 차별과 혐오 대응 수칙 4 : 제3자 프로세스(사회)

🪜 합법 같은 불법_직장 내 비윤리 _196

소확행? 소확횡! | 기업의 윤리가 매출을 좌우하는 시대 | 투명한 광장에서 살아남는 법 | 생존을 위해 윤리경영이 필요합니다 | 이런 것도 비윤리인가요? : 원칙 무시 | 이런 것도 비윤리인가요? : 비전문성 | 직장 내 비윤리 대응 수칙 1 : 가해자 프로세스 | 직장 내 비윤리 대응 수칙 2 : 피해자 프로세스 | 직장 내 비윤리 대응 수칙 3 : 제3자 프로세스(동료) | 직장 내 비윤리 대응 수칙 4 : 제3자 프로세스(조직)

Chapter 4 _____

오늘보다 조금 더 좋은 어른

🪑 다수가 반드시 옳은 것은 아니다 _229
'아니오'를 외치는 첫 번째 펭귄 │ 내부 고발, 배신자라는 낙인 │
우리 주변의 CCTV를 켜라

🪑 윤리를 논할 자격 _238
완전한 윤리는 없다 │ 윤리 근육 만들기 │
선한 것과 어리숙한 것 │ 나약한 나와 나약한 너의 연대

🪑 다음은 당신일 수 있습니다 _253
좋은 어른들의 기억법 │ 통제보다 자율, 그러나 견제의 자율 │
당신은 좋은 어른인가요? │ 윤리의 경쟁력

참고문헌 _264

Ethics Class

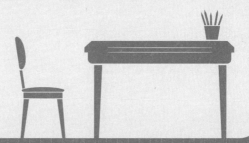

chapter 1

좋은 어른의 출발,
부끄러워할 줄 아는 용기

Ethics Class

부끄러움을 잊은
그들에게

부끄러움을 안다는 것

윤동주는 자신의 시에서 유독 부끄러움에 대해 많이 언급합니다. 그 까닭에 '부끄러움의 시인'이라는 별명을 얻기도 했죠. 그는 왜 28년이라는 짧은 생애 동안 부끄러움에 대해 그렇게도 많이 읊었을까요? 그의 삶을 다룬 영화 〈동주〉에서 그의 부끄러움에 대한 생각이 정지용 시인과 나눈 대화에서 잘 드러납니다.

죽는 날까지 하늘을 우러러

한 점 부끄럼이 없기를

잎새에 이는 바람에도

나는 괴로워했다.

별을 노래하는 마음으로

모든 죽어가는 것을 사랑해야지

그리고 나한테 주어진 길을

걸어가야겠다.

오늘 밤에도 별이 바람에 스치운다.

〈서시〉, 윤동주, 1941

창밖에 밤비가 속살거려

육첩 방은 남의 나라. (중략)

나는 무얼 바라

나는 다만, 홀로 침전하는 것일까?

인생은 살기 어렵다는데

시가 이렇게 쉽게 쓰여지는 것은

부끄러운 일이다. (하략)

〈쉽게 쓰여진 시〉, 윤동주, 1942

〈향수〉를 쓴 정지용은 윤동주가 평소 존경하던 시인이었죠. 정
지용은 윤동주에게 임시정부로 가는 것보다는 차라리 일본 유학을

권합니다. 그런데 일제강점기였던 당시에 일본 유학을 가기 위해서는 반드시 창씨개명을 해야 했습니다.

윤동주가 말합니다.

"창씨개명을 하면서까지 유학을 가야 할지 모르겠습니다. 그렇게까지 해서 유학을 간다는 게 왠지 부끄러운 생각이 들어서요."

그러자 정지용이 말합니다.

"부끄럽지. 부끄럽고말고……. 아무 말도 못 하고 있는 내가 부끄럽고, 여기 늘 술만 마시고 있는 내가 부끄럽네. 자네한테 일본에 유학 가라고 하는 나도 부끄럽고. 그렇지만 부끄럽지 않게 사는 게 얼마나 힘든 일이겠나? 윤 시인, 부끄러움을 아는 건 부끄러운 게 아니야. 부끄러움을 모르는 놈들이 더 부끄러운 거지."

이 대화에서 보듯 윤동주에게 '부끄러움'은 시인으로서 일생을 관통하는 가장 핵심적인 감정이었던 듯합니다.

부끄러움 난독증

부끄러움은 인간이 느끼는 수많은 감정 중 하나입니다. 지극히 자연스러운 감정이죠. 그런데 우리는 타인 앞에서 부끄러워하는 내 모습을 보여주고 싶어 하지 않습니다. 부끄러워서 빨개진 얼굴을 얼른 가리고, 당황해서 어디다 둬야 할지 모르는 손을 숨기기 급급하죠. 이런 행동을 하는 이유가 무엇일까요? 단지 얼굴이 빨개지고 당황하는 모습을 감추기 위해서일까요? 아닙니다. 바로 부끄러움을 느끼게 한 원인 때문입니다.

조금 더 정확하게 말하면 자신이 어떤 부끄러운 행동을 했는지 깨달았기 때문입니다. 똑같은 잘못을 저지르고도 누구는 부끄러워하는데 누구는 전혀 개의치 않는 이유가 바로 여기에 있습니다. 두 살짜리 어린아이는 기저귀에 오줌을 싸지만 부끄러움을 전혀 느끼지 않죠. 반면 초등학교에 입학한 아이가 긴장한 나머지 수업 시간에 바지에 오줌을 싸면 상황은 달라집니다. 아이는 부끄러움을 넘어 수치심을 느끼고 어찌할 줄을 모릅니다. 상황은 똑같은데 서로 다른 태도를 보입니다. 초등학교에 입학한 아이는 화장실이 아닌 친구들이 많은 교실에서 오줌을 싸는 것은 사회통념상 옳지 않은 일임을 알기 때문입니다. 그래서 부끄러움을 느끼는 것이죠.

부끄러움은 참 의미 있는 감정입니다. 슬픔, 기쁨, 분노는 어떤 현상을 통해 직관적으로 느끼는 감정입니다. 반면 부끄러움은 어떤 기준에 의해 느끼는 사회화된 감정이죠. 그 기준이 무엇이냐에 따라 같은 상황에서도 부끄러움을 느끼거나 느끼지 않는 것입니다. 물론 부끄러움과 수치는 조금 다른 감정입니다.

예컨대 남몰래 코를 후비다 누군가와 눈이 딱 마주쳤을 때 부끄러움을 느끼죠. 이것은 좀 더 직관적인 감정입니다. 수치심은 부끄러움보다 훨씬 사회화된 감정입니다. 상사의 험담을 하고 있는데, 바로 뒤에서 상사가 듣고 있었다든가, 무단횡단을 하는데 누군가 "왜 횡단보도로 건너지 않아요?"라고 할 때 느끼는 감정이 수치심입니다. 이것은 사회규범이나 법규 혹은 도덕적 원칙을 어겼을 때 느끼는 감정이죠. 다시 말하면 스스로 옳지 못한 일을 했다는 것을 자각했을 때, 그것도 타인이 지적했을 때 더욱 강렬하게 느끼는 사회화된 감정입니다.

"왜 그런 행동을 했어?", "네가 거짓말했다고 그러던데", "이봐요! 여기서 이러면 안 돼요!" 등 때론 누군가 통제함으로써 수치심을 느끼기도 합니다. 그런데 꼭 누군가 얘기해줘야만 지금 하는 행위가 옳은지 그른지 알 수 있을까요?

예를 하나 들어보겠습니다. 당신은 오랜만에 한적한 고속도로를 기분 좋게 달리고 있습니다. 그런데 방금 마신 커피의 종이컵을 버리고 싶어요. 조금만 더 가면 휴게소가 나오지만 주차하고 쓰레기통까지 걸어가기가 귀찮습니다. 그래서 결단(선택)을 내리죠. 차창 밖으로 종이컵을 휙 던져버리기로 합니다. 이때 지나가는 차량이 창문을 내리고 당신에게 손가락질을 합니다.

당신은 어떤 감정을 느낄까요? '그깟 종이컵 하나 버렸다고 손가락질을 해? 그리고 자기가 나를 언제 봤다고 감히 손가락질이야?'라고 분노를 느낄까요? 아니면 '내가 잘못된 행동을 했구나. 내 생각이 짧았어. 앞으로는 쓰레기를 무단으로 버리지 말아야겠다'라고 생각할까요?

자신이 잘못된 행동을 하고도 분노를 느끼는 것을 저는 '부끄러움 난독증'이라고 표현합니다. 행동은 감정을 유발하고, 감정은 후

속 행동을 끌어냅니다. 분노를 느꼈다면 그것을 표출하는 행동을 할 겁니다. 감정에는 에너지가 있기 때문에 어떻게든 표출되게 마련이죠. 특히 강렬한 에너지를 품고 있는 분노는 밖으로 발산되는 특성이 있습니다. 화가 나면 소리를 지르고 물건을 던지듯이 말입니다. 쓰레기 무단 투기라는 잘못을 저질렀지만, 자신에게 삿대질한 사람에게 분노를 느끼고, 그 사람이 아니더라도 다른 누군가에게 감정을 투사합니다. 그 과정에서 물론 관계에 문제가 발생하기도 하고요.

그런데 이런 사람들은 왜 부끄러워하지 않는 걸까요? 그 이유는 부끄러움과 양심의 관계에서 찾을 수 있습니다.

마음의 시스템을 작동하는 법

이런 부끄러움을 맹자는 수오지심羞惡之心이라고 했습니다. "도덕적으로 올바르지 못한 행동을 부끄러워하고 악행을 미워하는 것은 인간의 본성"이라는 뜻입니다. 조선시대 유학자 정약용도 부끄러움을 느끼는 것은 인간 고유의 감정이라고 말했습니다. 동물과 구별된 인간만 느낄 수 있는 감정입니다. 이것과 관련해 동물에게는 없고 인간만이 가진 독특한 것이 있습니다. 바로 양심입니다.

옳고 그름, 선과 악을 도덕적으로 판단하는 양심은 일종의 마음속 자기 검열 시스템이에요. 의사 결정을 할 때 선택의 기준이 되는 것이 양심입니다. 우리가 옳지 않은 판단을 했을 때 양심이라는 자기검열 시스템이 가동되어 잘못을 인식하고, 부끄러움이라는 아웃풋을 내놓습니다. 그런데 분명 옳지 않은 일을 했는데도 너무나 당당한 사람들이 있습니다. 부끄러움 난독증을 앓고 있는 그들을 보면, 그 시스템이 잘못된 게 분명해 보입니다. 어디서부터 뭐가 잘못된 것일까요?

우리는 다음 5단계 프로세스를 거쳐 윤리성을 회복합니다.

· 현상을 관찰하고
· 현재에 대해 자기 인식을 하고
· 이 상황으로 영향을 받을 대상자들과 영향의 심도를 예측하여
· 옳은 행동을 선택한 후
· 재발 방지를 위해 성찰합니다.

이는 감기를 회복하는 프로세스와 같습니다. 감기에 걸리면 어떻게 해야 할까요? 병원에 가서 치료받는 것이 첫 번째 프로세스일까요? 그렇지 않습니다. 병원에 가기 위해서는 먼저 '내가 감기에 걸렸구나' 하는 인식이 있어야 합니다.

콧물이 나고 머리가 지끈거리는 걸(현상) 보니 감기에 걸렸구나(자기인식). 이대로 놔두면 가족에게 옮길 수도 있으니(예측) 바로 병원에 가봐야겠다(선택). 그렇게 병원에 가서 치료를 받고 나면 상태가 호전되죠. 그러면 마지막 단계로 또다시 감기에 걸리지 않기

위해 '내가 왜 감기에 걸리게 됐지?'(성찰)라고 생각해보는 거예요. '아! 손을 잘 씻지 않았구나. 이제 손을 깨끗이 씻어야지'라고 다짐합니다. 부끄러움을 느꼈을 때 윤리성을 회복하는 프로세스도 이와 같습니다.

· 현상 관찰 : 내 마음이 불편하고, 주변 사람들의 충고로 부끄러움을 느낀다.
· 자기 인식 : 아, 내가 지금 뭔가 잘못했구나.
· 예측 : 이대로 방치하면 같이 일하는 사람들에게 부정적인 영향을 미칠 수도 있겠구나.
· 선택 : 지금 바로 잘못된 행동을 멈추고, 의도치 않게 불편을 준 사람들에게 사과해야겠다.

여기까지 진행되었다면 이제 핵심적인 단계로 이동합니다. 이렇게 생각하는 거죠.

· 성찰 : 왜, 나는 그런 부끄러운 행동을 했을까? 규칙을 위반하는 행동인 줄 몰랐어. 이런 실수를 반복하지 않기 위해 사내 규정을 한번 살펴봐야겠다.

이것이 좋은 어른들이 윤리성을 회복하는 5단계 프로세스입니다.

그런데 가끔 이 시스템에 오류가 생길 때가 있습니다. 그때는 외부의 힘이 작용하곤 합니다. 윤리성을 회복하기 위해 일차적으로 자기 정화의 단계를 거치겠지만, 그나마도 제대로 작동하지 않을 때는 외부 이해관계자가 개입합니다. 내가 하기 싫어도 누군가 억지로 윤리성 회복을 강제하는 것이죠. 내 행동에 대해 누군가 왈가왈부하는 것을 좋아하는 사람은 없을 겁니다. 대부분의 사람들은 자신이 원하지 않는 상황에 맞닥뜨리면 거부 반응을 보이게 마련입니다.

가장 좋은 방법은 누군가 개입하기 전에 스스로 마음을 정화하고 개선하는 것입니다. 이때 꼭 기억해야 할 것이 있습니다. 첫 번째 단계는 자기 정화가 아니라 현상을 관찰하고, 나의 현재를 스스로 인식하는 것입니다.

두려움이 일으키는 오작동

사람마다 차이는 있겠지만 부끄러움을 느끼면 대부분 가슴이 두근거리고, 얼굴이 화끈거리며, 사람들과 눈을 맞추지 못하고 행동이 부자연스러워집니다. 부끄러운 사고와 행동을 했을 때 양심이 표현하는 화학적 작용이라고 볼 수 있죠. 윤동주 시인은 시대적 상황(창씨개명)에 순응하여 양심에 거리끼는 행동을 하기가 부끄럽다고 했습니다. 이러한 자기 인식이 시발점입니다. 그런 다음 부끄러움을 시로 표현하고 참회하여 다시금 양심을 회복하는 것이죠.

두 시인의 대화에서 느낄 수 있듯이 자신의 부끄러움과 마주하는 것은 몹시도 고된 과정입니다. 정지용 시인도 부끄럽지 않게 사는 것이 얼마나 힘든 일이냐고 말하잖아요. 누군가에게 보여주기 싫은 치부를 스스로 마주하고 싶지 않을 것입니다. 따라서 스스로의 부끄러움을 인정하고, 매일 마주하며, 참회하는 것은 정말 용기 있는 행동입니다. 우리가 그 아름다운 청년을 사랑하는 이유 중 하나도 용기를 내어 부끄러움과 마주했기 때문일 것입니다.

자신의 부끄러움과 마주하는 데는 상당한 용기가 필요합니다. 왜냐하면 부끄러움에는 두려움이라는 감정이 수반되기 때문입니다. 옳지 못한 사고와 행동을 했을 때는 부끄러움을 느끼는 동시에 처벌받을지도 모른다는 두려움이 생깁니다. 명백한 잘못을 저질렀는데도 모르쇠로 일관하는 사람들은 부끄러움보다 두려움이 더 크게 작용한 나머지 양심이라는 자기검열 시스템에 오류가 생긴 것입니다. 얼굴이 빨개지는 모습을 들키기 싫어서 회피하는 것이 아니라 처벌과 비난을 받을까 두려워서 부끄러움을 감추는 것이죠. 이러한 이유로 부끄러움을 받아들이는 데는 생각보다 훨씬 큰 용기가 필요합니다.

《구약성서》〈창세기〉에는 최초의 인간인 아담과 하와 이야기가 나옵니다. 에덴동산에서 뱀은 하와에게 선악을 알게 된다는 선악과를 먹어보라고 유혹하죠. 하와가 그걸 먹으면 하나님과 같이 총명해질 거라면서 말입니다. 하와는 결국 뱀의 유혹을 뿌리치지 못하고 선악과를 먹죠. 자신이 옳지 못한 행동을 한 것을 깨닫고 두려움을 느낀 하와는 남편인 아담에게도 먹어보라고 종용합니다. 공범을 만들면 나 혼자 처벌받을지도 모른다는 두려움이 훨씬 줄어들기 때문이에요. 결국 아담도 선악과를 먹게 됩니다.

잘 알려진 대로 두 사람은 갑자기 벌거벗은 서로의 모습에 부끄러움, 아니 더 정확하게 표현하면 창피함을 느끼고(창피함은 부끄러움보다 덜 사회화된 직관적 감정에 가깝습니다) 수풀에 숨어버립니다. 이처럼 부끄러움과 두려움은 함께 나타납니다. 이때 하나님께서 "너희 어디 있느냐?"라고 물어보시죠. 그들은 창피해서 수풀에 숨었다고 말합니다. 하나님께서 "선악과를 왜 먹었느냐?"고 물어봅니다. 아담은 하와가 꼬셨다고 하고, 하와는 뱀이 꼬셨다고 변명합니다. 왜 그랬을까요? 금단의 열매를 먹지 말라는 하나님의 계율을 어긴 것이 부끄럽고, 동시에 벌을 받을까봐 두려웠기 때문입니다.

이처럼 부끄러움을 느낀다는 것은 적어도 스스로가 옳지 못한 행동을 했음을 알고 있다는 뜻입니다. 그에 따른 책임으로 처벌을 받아야 한다는 것도 알고 있고요. 그러니 부끄러움을 인정하는 것은 생각보다 훨씬 복잡한 사고 과정을 거치게 되고, 그 과정에서 오류가 생길 여지도 아주 많은 것입니다.

누구나 골룸이
될 수 있다

골룸과 스미골의 사이

"마이 프레셔스My precious!" 이 대사 기억나시죠? 그 유명한 영화 〈반지의 제왕〉에 나오는 골룸의 대사입니다. 골룸이 절대반지를 두고 "내 보물"이라고 외치죠. 〈반지의 제왕〉을 보지 않은 사람은 있어도 골룸을 모르는 사람은 없을 겁니다. 충격적인 비주얼과 소름 끼치는 목소리가 꽤 인상적이니까요.

그런데 이 골룸도 원래는 호빗과 비슷한 부족의 일원이었다고 합니다. 스미골이라는 이름의 평범한 인물이었죠. 어느 날 스미골은 친구 데아골과 강가에서 낚시를 하던 중 우연히 반지를 발견합니다. 데아골이 먼저 이 반지를 발견하는데, 언뜻 보기에도 좋은 반지를 보고 스미골은 욕심이 생깁니다. 그래서 반지를 뺏으려고 데아골과 몸싸움을 벌이던 끝에 친구의 목을 졸라 살해하는 지경에 이릅니다. 결국 스미골은 이 반지를 차지하는데, 이것이 〈반지의 제왕〉의 핵심 매개물인 절대반지입니다.

절대반지를 차지한 스미골은 마을로 내려옵니다. 그리고 절대반지의 신묘한 힘을 알게 되죠. 점점 그는 탐욕스러운 행동으로 마을 주민들을 괴롭히다 결국 추방당하고 맙니다. 스미골은 놀라운 능력을 가진 절대반지에 집착한 나머지 인생의 모든 목적과 이유가 절대반지를 수호하는 것에 매몰되어 버립니다. 그러다 신들의 저주로 외모도 흉측하게 변하고 자신의 이름도 잊어버리게 되죠. 결국 '콜록콜록' 하는 기침 소리를 본뜬 의성어, 즉 골룸이라는 이름을 얻게 됩니다. 시간이 지날수록 골룸은 탐욕스러운 본성만 남아 익히 알려진 충격적인 모습으로 바뀝니다.

1937년 출간된 L. R. R 톨킨의 《호빗》에 처음 등장한 골룸의 이야기는 플라톤의 《국가》에도 등장합니다.

리디아라는 어느 왕국에 기게스Gyges라는 매우 충직한 목동이 살고 있었어요. 어느 날 들판에서 양떼를 돌보던 기게스는 갑자기 몰아친 폭풍우를 피해 우연히 작은 동굴로 들어갑니다. 그런데 동굴 속에는 시체들이 널려 있습니다. 그중 한 시체의 몸에서 이상하게 생긴 반지를 발견하고 빼냅니다. 이 반지 역시 신묘하게도 자신이 보이지 않게 만드는 힘을 가지고 있어요. 이 사실을 안 순간 기게스는 사악하고 탐욕스러운 사람으로 변합니다. 결국 그 반지를 이용해서 국왕을 살해하고 왕비를 빼앗고 그 나라의 국왕이 됩니다.[1]

기게스 이야기는 〈반지의 제왕〉 속 골룸 이야기와 상당히 닮았습니다. 여기서 주목해야 할 것은 '평범'했던 스미골과 '충직'했던 목동 기게스라는 지점입니다. 그들은 원래부터 사악한 존재가 아니었죠. 절대적 능력을 가진 반지를 손에 쥐면서 탐욕스럽게 변했습니다. 그들은 왜 괴물로 변했을까요? 그들의 이기심, 즉 개인적인 탐욕 때문이었을까요?

두 이야기에 등장하는 반지는 인간의 탐욕을 비유하는 상징적 도구입니다. 어쩌면 우리 모두는 마음속에 절대반지를 하나씩 가지고 있을지 모릅니다. 누군가에게는 돈이고, 누군가에게는 명성일 것이며, 또 다른 누군가에게는 아름다운 외모겠지요. 그리고 그것을 얻기 위해 최선을 다합니다. 내가 원하는 것을 더 많이 가진 사람들을 부러워하기도 하고 시기하기도 합니다. 더 많이, 더 빨리 얻을 수 있는 기회를 잡으려고 노력하죠. 물론 목표를 가지고 그것을 이루기 위해 최선을 다하는 자체는 나쁜 것이 아닙니다. 이는 우

---

1. "인성과 직업윤리", 오기성 저, 양성원, 2017

리의 본능이기도 하니까요. 그리고 한편으로는 반지에 매몰될 가능성도 충분히 가지고 있습니다.

다시 말하자면 우리 모두는 언제든지 골룸이 될 수 있습니다. 결코 스미골이 특별히 나쁜 사람이어서 골룸이 된 것이 아닙니다. 그가 특별히 도덕적으로 타락했기 때문이 아닙니다. 또한 그가 특별히 의지가 약한 인간이기 때문도 아닙니다. 그저 우리 주변의 평범한 인물이었다는 점을 기억해야 합니다. '그렇다면 어떤 유혹이 있을 때마다 모든 사람들은 탐욕적으로 변할 수밖에 없는 걸까?' 이런 의문이 들 것입니다.

악의 평범성

1933년부터 1945년까지 독재자 아돌프 히틀러가 독일을 지배했던 기간을 나치 시대라고 합니다. 나치즘은 국수주의와 권위주의를 표방하는 파시즘 가운데에서도 가장 야만적인 독일의 파시즘을 말합니다. 나치즘의 핵심 이데올로기는 민족적 전체주의와 아리안 인종우월주의, 그리고 조직적 반유대주의였습니다.[2] 지금 생각해보면 그 어떤 논리적 근거도 없이(단지 유대인이라는 이유로) 오랫동안 극단적인 차별과 혐오를 자행했다는 사실이 믿을 수 없을 정도입니다. 그러나 이성적으로 이해하기 힘든 나치즘은 광적으로

---

2. 네이버 지식백과, 철학사전, "나치즘"

삽시간에 퍼져나갔고, 세계사에 돌이킬 수 없는 상처를 남겼습니다. 그 과정에서 잔혹한 학살을 주도한 사람들이 있었어요. 그중 핵심 인물이 유대인 대학살의 전범 아돌프 아이히만_{Adolf Eichmann}입니다.

1960년 5월 부에노스아이레스의 어느 버스 정류장에서 자동차 정비원 한 명이 퇴근길에 이스라엘 비밀정보원들에게 체포됩니다. 곧 법정에 세워진 그는 살면서 한 번도 법을 어겨본 적이 없다며 억울함을 호소합니다. 그가 바로 나치의 친위대 장교였던 아돌프 아이히만이었습니다. 죄를 인정하느냐는 물음에 그는 일관되게 부인합니다. "도대체 무엇을 인정하라는 말입니까? 저는 남을 해치는 것에는 전혀 관심이 없습니다. 제가 관심 있는 것은 맡은 일을 잘해내는 것뿐입니다." 자신은 그저 직업이 필요했던 독일 시민이었으며, 힘들게 갖게 된 직업이 군인이었고, 자신이 맡은 업무는 유대인의 재산을 몰수하고 추방하고 학살하는 일이었다는 겁니다. 자신에게 주어진 일을 열심히 했을 뿐이라는 말이죠. 그의 정신을 감정한 6명의 의사들은 이렇게 판정했습니다. "아이히만은 지극히 정상이며, 준법정신이 투철한 국민이다."

그가 체포되기 전까지 사람들은 아이히만이 뻔뻔한 철면피에 악마 같은 모습을 하고 있을 것이라고 상상했습니다. 그런데 법정에 선 그는 옆집 아저씨와도 같은 수더분한 모습을 하고 있었습니다. 심지어 정신 상태도 지극히 정상이라니 이해할 수가 없었죠. 곧

이어 수많은 유대인을 학살하는 것에 양심의 가책을 느끼지 않았느냐는 질문에 대한 그의 답변에는 가치관이 고스란히 담겨 있습니다.

"월급을 받으면서도 주어진 일을 열심히 하지 않았다면 저는 양심의 가책을 느꼈을 겁니다. 저는 제 일을 성실히 수행했을 뿐 잘못이 없습니다."[3]

상부의 지시를 충실히 수행했을 뿐 유대인 학살에 자신의 의지가 조금도 없었기에 자신은 죄가 없다는 논리입니다. 이 답변을 어떻게 생각하시나요? '아무리 그래도 어떻게 죄도 없는 유대인들을 광신적으로 학살할 수 있지?'라고 생각할 수도 있을 것입니다. 당신이 나치 시대의 아이히만이었다면 어떻게 행동했을까요?

이런 비정상적인 행동이 무려 12년 동안 지속될 수 있었던 이유를 밀그램 실험Milgram Experiment을 통해 조금은 이해할 수 있습니다. 1961년 미국 예일 대학교 심리학과 스탠리 밀그램Stanley Milgram 교수는 '권위적인 불법적 지시'에 대한 사람들의 복종 정도를 알아보기 위해 한 가지 실험을 했습니다. 실험에 참가하는 사람들은 진행자, 교사, 학생으로 나눠서 역할을 수행했습니다.

먼저 '징벌에 의한 학습 효과를 측정하는 실험'이라는 표면적인 주제로 선생 역할을 할 실험자들을 모집합니다. 참가한 대가로 4.5

---

3. 네이버 지식백과, EBS 어린이지식e, "생각 없이 죽음을 방관한 〈그가 유죄인 이유〉"

달러를 주겠다고 했습니다. 20~50대의 평범한 사람들이 선발되었죠. 실험에서 학생 역할을 맡은 참가자들은 의자에 손이 묶입니다. 의자에는 전기충격장치가 연결되어 있고요. 이때 교사 역할을 맡은 참가자들은 학생 역할을 맡은 참가자들에게 문제를 내고, 그들이 틀릴 때마다 1.5볼트씩 늘려가면서 전기충격을 450볼트까지 가할 수 있습니다. 참고로 450볼트는 생명을 잃을 수도 있는 정도라고 합니다.

물론 전기충격은 가짜였으며 학생 역할을 맡은 참가자들은 배우였죠. 징벌을 집행하는 교사만 피실험자였습니다. 1.5볼트씩 강도를 높일 때마다 학생들은 비명을 질렀습니다. 그것을 보고 선생이 머뭇거릴 때마다 흰 가운을 입은 예일 대학교의 실험 진행자는 "계속하세요", "걱정할 일은 일어나지 않을 겁니다", "제가 책임집니다"라는 말로 독려합니다. 실험 초기에 밀그램 교수는 고작 0.1퍼센트만이 450볼트까지 수위를 높일 거라고 예측했습니다. 대부분의 참가자들은 치명적 수준까지 전기충격을 가하지는 않을 거라고 생각했죠. 거기에는 그럴 만한 이유가 있었습니다. 실험을 하기 얼마 전 예일 대학교 학생들을 대상으로 진행한 설문 조사 결과를 믿었던 것입니다.

"누군가 당신에게 비인간적인 행위를 요구했을 때 당신은 따르겠습니까?" 이 질문에 몇 퍼센트의 사람들이 "예"라고 응답했을까요? 2퍼센트도 되지 않았습니다. 98퍼센트 이상이 비인간적인 행위를 따르지 않겠다고 대답했습니다.

밀그램의 실험에서 학습 능력을 향상시킨다는 명목하에 누군가의 고통과 생명이 교사 역할의 피실험자에게 달려 있습니다. 과연 몇 퍼센트의 사람들이 450볼트까지 전기충격을 가했을까요?

놀랍게도 65퍼센트의 사람들이 치명적인 수위까지 올렸습니다. 밀그램 교수조차 예상하지 못한 수치였어요. 일종의 인지부조화 현상이라고 볼 수 있습니다. 왜 이런 일이 일어난 걸까요? 왜 그들은 고작 4.5달러를 받고 비인간적인 행동을 선택한 걸까요? 밀그램 교수는 이런 현상을 '권위적인 명령에 대한 복종현상'이라고 설명합니다. 예일 대학교라는 권위, 제복(흰 가운)을 입은 진행자의 위력, 그리고 4.5달러에 대한 의무감이 이런 비이성적이고 비도덕적인 행동을 하게 만들었다는 것입니다. 성실하고 의무감이 강한 사람일수록 더욱 그랬습니다. 밀그램은 실험을 통해 그저 평범한, 어쩌면 선량한 사람들이 파괴적인 행동을 하게 되는 것은 그들의 도덕성 문제가 아니라 비윤리적인 상황 자체의 영향이라는 것을 설명하고 싶었을 것입니다.

사회심리학자 한나 아렌트는 나치 시대에 악을 집행한 아돌프 아이히만의 재판을 끝까지 지켜보고 《예루살렘의 아이히만 : 악의 평범성에 대한 보고서》를 썼습니다. 여기에서 그녀는 '악의 평범성'이라는 개념을 이야기합니다. 비이성적인 유대인 대학살을 집행한 사람들은 광신도나 성격장애자가 아니라 상부의 비윤리적인 명령을 아무런 비판 없이 실행한 지극히 평범한 사람들이라는 것이죠. 그들의 가장 큰 죄는 생각하지 않은 것, 즉 사고의 무능이라고 그녀는 말합니다.

"무사유가 인간 속에 존재하는 모든 악을 합친 것보다 더 많은 파멸을 가져올 수 있다. 나치즘의 광기든 뭐든, 우리에게 악을 행하도록 하는 계기가 주어졌을 때 그것을 멈추게 할 방법은 오직 깊이 성찰하고 사유하는 것이다."

한나 아렌트는 상부의 지시를 비판적으로 사고하지 않은 것, 그리고 피해자들의 상황을 이해하려고 노력하지 않은 것이 아이히만의 죄라고 결론 내렸습니다.

또한 스탠리 밀그램은 실험을 마치면서 이렇게 말했습니다. "상부의 불합리한 명령에 반항할 수 있는 유일한 방법은 바로 그 권위자와의 관계를 완전히 단절하는 것이다." 그런데 상사 혹은 조직의 부당한 명령에 반항할 수 있는 사람이 과연 얼마나 될까요? 이런 맥락에서 볼 때 밀그램 실험에서 35퍼센트의 사람들, 즉 450볼트까지 올리는 것을 거부한 그들의 올바른 판단과 행동은 정말 위대하고 용기 있는 행동입니다.

나의 행복과 타인의 불행 사이

밀그램 실험과 비슷하지만 다른 흥미로운 실험이 하나 더 있습니다. 하버드 대학교 인지심리학자 마크 D. 하우저 교수는 붉은털원숭이를 대상으로 한 가지 실험을 진행했습니다. 실험 과정은 간단합니다. 붉은털원숭이 앞에 버튼이 있고, 투명 칸막이 건너편에는 전기장치가 연결된 다른 붉은털원숭이가 있습니다. 원숭이가 앞에 있는 버튼을 누르면 맛있는 먹이가 나옵니다. 그와 동시에 건너편 원숭이에게는 전기충격이 가해지죠. 과연 붉은털원숭이는 다른 원숭이의 고통을 개의치 않고 자신의 이익(먹이)을 추구할까요?

놀랍게도 붉은털원숭이는 버튼을 누르지 않았습니다. 뿐만 아니라 무려 15일 동안 버튼을 누르지 않았습니다. 그동안 먹이를 하나도 얻지 못했죠. 고통을 당하는 원숭이가 자신과 함께 지내던 동료 원숭이일 경우 더욱 오랫동안 버튼을 누르지 않았다고 합니다.[4]

실험 자체만 놓고 본다면 '원숭이가 인간보다 낫구나!' 생각될 것입니다. 하지만 밀그램 실험과는 다른 것이 하나 있습니다. 바로 주변의 제3자입니다. 실험 진행자는 단지 관찰만 하는 것이 아니라 머뭇거리는 피실험자들에게 "계속하십시오", "당신이 걱정하는 일은 일어나지 않습니다", "학생의 학습 능력을 높이기 위해서는 어쩔 수 없습니다", "혹시 모를 일에 대해서는 제가 책임지겠습니다"라고 피실험자를 종용했습니다. 반면 붉은털원숭이 곁에는 강요하는 제3자가 존재하지 않았습니다. 자신의 행동과 그에 따른 현상만 있을 뿐이었죠. 제3자가 없다면 65퍼센트의 수치가 달라졌을까요?

---

4. 네이버 지식백과, 한경경제용어사전, "햄버거병"

아마 훨씬 더 낮았을 거라고 생각합니다.

이처럼 주변인은 정말 중요한 존재라는 점을 꼭 기억해야 합니다. 그리고 우리 자신도 누군가의 주변인이 될 수 있습니다. 이것은 좋은 어른이 되기 위해 반드시 기억해야 할 제1명제이기도 합니다.

두 가지 실험에서 나의 행동은 바로 눈앞에 있는 누군가의 고통을 유발했습니다. 그래서 죄책감 혹은 부끄러움이나 두려움을 보다 직접적으로 느낄 수 있었죠. 그렇다면 나의 행동이 보이지 않는, 심지어 한 번도 만난 적 없는 타인의 고통을 유발하는 것이라면 어떨까요?

몇 해 전 햄버거를 먹고 신장 기능의 90퍼센트를 상실한 어린이의 이야기를 기억하실 것입니다. 햄버거병으로 더 잘 알려진 용혈성요독증후군은 충분히 익히지 않은 고기, 살균되지 않은 우유, 오염된 야채를 섭취하면 걸릴 수 있다고 의료계에서는 밝히고 있습니다.[5] 지금 이 아이는 초등학교에 입학했는데, 현재로서는 치료제가 없어서 생존을 위해 투석을 받아야 합니다. 무려 5년 전 사건인데 아직까지도 속 시원히 해결되지 않은 상황입니다.

그런데 수사 과정에서 밝혀진 사실이 하나 있습니다. 사건 초기 이 햄버거 체인에 패티를 납품하던 회사 담당자가 S시 공무원에게 문의를 합니다. 문제가 되는 패티를 경찰에 제출하지 않기 위해

---

5. 네이버 지식백과, 한경경제용어사전, "햄버거병"

서는 어떻게 해야 하는지를 말이에요. 아마도 두려움 때문이었겠죠. 당시에 공무원은 시중에 유통된 모든 패티가 전량 소진되었다고 보고하면 제출하지 않아도 된다고 알려줍니다. 나중에 밝혀진 사실이지만 이 또한 올바른 정보가 아니었다고 합니다. 어쨌든 패티 납품 회사 담당자는 당시 10개 매장에 남아 있던 패티 포장 박스 15개를 폐기했습니다. 그리고 전량 소진되었다고 허위 보고를 했습니다.

S시 공무원은 왜 그런 결정을 내린 걸까요? 위법인 것을 알면서 왜 옳지 못한 정보를 담당자에게 알려준 것일까요? 그가 다섯 살짜리 어린아이를 해치기 위해 의도적으로 행동한 것일까요? 그렇지는 않을 것입니다. 자신의 결정으로 어린아이가 평생 장애를 안고 살아가기를 바라지는 않았을 것입니다. 평소 친분이 있던(밝혀진 바는 없지만), 혹은 다급하게 문의하는 안쓰러운 사람을 도와주려고 했는지도 모릅니다. 위법의 방법을 요청하는 지인의 고통이 선량한 모르는 사람의 고통보다 더 크게 작용했기 때문입니다. 혹은 지인의 위법한 부탁을 들어주는 것이 더 마음이 편했는지도 모릅니다.

사람들은 눈에 보이지 않는 누군가의 고통에는 둔감합니다. 더구나 한 번도 만나본 적 없는 타인이라면 더욱 그러합니다. 아마도 그들의 고통을 자각조차 하지 못할 겁니다. 그래서 사람들은 조금이라도 자신과 관계있는 사람의 행복이 타인의 불행을 야기한다하더라도 선택하게 되는 겁니다. 이렇게 A라는 측면에서 볼 때도 옳고, B라는 측면에서 볼 때도 옳을 때 선택하기 힘들어집니다. A 라는 측면에서 볼 때도 옳지 않은 결과를 야기할 수도, B라는 측면에서 볼 때도 옳지 않은 결과를 야기할 수 있는 상황을 의미하기도 합니다. 이런 상황을 윤리적 딜레마ethical dilemma라고 합니다.

인생은 크고 작은 선택의 연속입니다. 커피를 마실 것인지, 차를 마실 것인지를 선택합니다. 지하철을 탈 것인지, 버스를 탈 것인지, 무단횡단을 할 것인지, 조금 더 걸어가서 횡단보도를 이용할지 선택합니다. 눈앞에 있는 지인의 부당한 부탁을 들어줄지 거절할지 역시 선택하는 것입니다. 그리고 나의 선택은 필연적으로 긍정적이든 부정적이든 파장을 야기합니다. 우리 인생은 선택하고 그 파장을 감내하고 책임지는 것의 연속입니다.

일상을 위협하는 윤리적 딜레마

당신은 지금 바이어와 중요한 약속을 앞두고 있습니다. 그런데 생각보다 교통 상황이 너무 좋지 않습니다. 간신히 약속 장소에 도착하긴 했지만, 장애인 주차구역 외에는 주차할 곳이 없습니다. 이때 당신은 고민을 합니다. 조금 더 올라가서 공영주차장을 이용할까, 아니면 시간도 없는데 일단 장애인 주차구역에 차를 세울까? 이때 선택의 기준은 무엇이 될까요? 주차할 곳을 찾아 10여 분을 돌다가 공영주차장에 차를 세우고 되돌아오면 약속 시간에 늦을 것입니다. 중요한 비즈니스에서 신뢰를 무너뜨릴 위기를 초래할 수 있습니다. 반면 장애인 주차구역에 주차하면 과태료(10만~50만 원선)를 내겠지만, 바이어와의 신뢰를 지킬 수는 있습니다. 당신은 무엇을 선택하겠습니까? 10만 원의 과태료를 내더라도 바이어와의 신뢰를 지켜야 한다고 생각할 수도 있습니다. 10만 원보다 바이어와 신뢰를 유지했을 때 얻는 경제적 가치가 더 높다고 판단하는 것이죠.

그렇다면 경제적 가치 판단만으로 의사 결정을 내리는 것이 늘 옳은 선택일까요? 경제적 여유가 되는 모든 사람들이 과태료를 감수하고 장애인 주차구역에 주차를 했다고 가정해봅시다. 그러면 정작 주차를 해야 하는 장애인들은 큰 불편을 겪게 됩니다. 장애인이 아닌 사람들은 다른 곳에 주차하고 걸어서 약속 장소로 갈 수 있습니다. 하지만 장애인들은 지정된 주차구역이 아니면 다른 대안이 없습니다. 장애인들에게는 불편함 이상을 의미하는 것이죠. 지하철로 이어진 엘리베이터가 만석이라면 장애인이 아닌 사람들은 조금 더 기다릴지, 아니면 걸어 내려가거나 에스컬레이터를 탈지 선택할 수 있습니다. 하지만 휠체어를 탄 장애인은 어떨까요? 계단도 에스컬레이터도 그들에게는 대안이 되지 못합니다. 엘리베이터가 유일한 이동 수단이죠. 그렇다면 우리는 생각을 조금 바꿔야 합니다.

다시 한번 생각해봅시다. 과태료 10만 원과 바이어의 신뢰를 얻었을 때의 경제적 가치가 장애인 주차구역에 세울지 말지를 결정하는 기준이 될 수 있을까요? 우리는 모든 선택의 순간에 경제적 기준만으로 가치 판단을 해서는 안 됩니다. 적어도 누군가의 인권, 존엄, 생명, 안전에 관련된 상황에서는 더더욱 그러합니다.

윤리적 딜레마는 둘 이상의 중요한 가치, 권리, 또는 책임이 충돌을 일으키는 상황을 말합니다. 때에 따라서 나쁜 것과 좋은 것이 충돌하기도 하지만, 좋은 것과 좋은 것이 충돌을 일으키는 경우도 많습니다. 그중 경제적 기준과 윤리적 기준이 충돌을 일으키는 상황이 가장 빈번히 발생하죠. 이때 우리는 선택을 해야 합니다. 그리고 현상을 어떤 관점으로 바라보느냐에 따라 선택은 확연히 달라집니다. 경제적 가치를 기준으로 판단할 것인가, 아니면 윤리적 가치를 기준으로 판단할 것인가? 의사 결정도 우리의 선택이지만, 의사 결정 기준도 중요한 선택입니다. 그런데 경제적 가치기준으로 판단하는 것이 나쁜 것인가요? 마이클 센델 교수는 《돈으로 살 수 없는 것들》에서 경제적 가치가 모든 판단의 기준이 되어서는 안 된다고 경고합니다. 즉, 경제적 가치기준만으로 판단할 때 위험에 노출될 수 있음을 경고한 것이죠.

그렇다면 수많은 선택의 순간에 우리는 무엇을 선택해야 할까요? 다행히 정답은 있습니다. 복잡한 윤리적 딜레마에서도 반드시 정답은 존재합니다. 복잡할수록 본질을 놓치지 않으면 됩니다. 그 문제가 야기된 상황의 본질, 그럼에도 불구하고 놓쳐서는 안 되는 중요한 가치, 그것들에 집중하면 됩니다. 올바른 기준을 선택하고, 그 방법을 아이들에게 가르쳐주는 어른이야말로 좋은 어른이라고 할 수 있습니다. 구체적인 방법은 천천히 함께 알아보도록 하겠습니다.

부끄러움을
기억하라

부끄러움은 마주할수록 작아진다

독일의 거리를 걷다 보면 걸음을 방해하듯 툭 튀어나온 동판을 심심치 않게 발견합니다. 자칫 걸려 넘어질 수도 있을 만큼 불편함을 주는 그것이 무엇인지 허리를 숙여 살펴보게 되죠. 그런데 흥미롭게도 툭 튀어나온 동판에는 글자와 숫자가 적혀 있습니다. 그제야 우연히 튀어나온 돌부리가 아니라, 누군가 의도적으로 만들어 놓았다는 것을 알게 됩니다. 그것도 일부러 발에 채이도록 말이죠. 그 돌을 자세히 들여다보면 이름과 출생연도, 추방 연도, 수용소 이름 그리고 사망이라는 글자가 새겨져 있습니다. 이 동판의 의미는 과연 무엇일까요?

　이것은 제2차세계대전의 전범 국가인 독일에서 강제수용소로 추방되어 죽음을 맞은 피해자들의 이름을 적어놓은 것입니다. 동판들 속의 이름은 생소하고, 어떠한 규칙을 갖고 일정하게 배치되어 있지도 않습니다. 어느 지역에는 한두 개밖에 없고, 또 어느 지역에는 무더기로 있습니다. 그 이유는 그들이 바로 그 지역에 살았던 이름 모를 평범한 사람들이었기 때문입니다.

　아무도 기억하지 못하는 평범한 이웃이자 누군가의 가족이었던 사람들의 희생을 그들이 살았던 동네에 동판으로 새겨 넣은 것입니다. 그리고 쉽게 잊지 말자는 뜻으로 발에 걸리도록 바닥에 박아놓았습니다. 한 번씩 더 쳐다보고 추모하자는 의미입니다.

　이 동판을 슈톨퍼슈타인Stolperstein이라고 부릅니다. '걸려서 비틀거리다'는 뜻의 '슈톨페른stolpern'과 '돌'이라는 뜻의 '슈타인stein'의 합성어로 '걸려서 넘어지게 하는 돌', 즉 걸림돌을 의미합니다. 사실 독일인에게 슈톨퍼슈타인은 숨기고 싶은 과거임에 틀림없습니다. 본인들 나라의 잔인하고 비윤리적인 만행을 하루라도 빨리 잊고 새롭게 시작하고 싶겠죠. 그런데 굳이 이런 동판을 만들고, 희생자들이 살았던 동네를 찾아 보행자 도로에 새겨두는 번거로움을 선택한 이유는 무엇일까요? 바로 부끄러운 역사를 기억하는 독일인들의 자세라고 볼 수 있습니다.

박물관은 역사를 기억하는 장소입니다. 영화로운 순간이었든, 수치스러운 순간이었든 그 과거는 사실이고, 그 과거로 인해 지금이 존재합니다. 역사는 반복된다고들 하죠. 그래서 역사를 마주하면 현재를 조명할 수 있고, 미래를 예측할 수 있습니다. 독일인들에게 슈톨퍼슈타인은 일종의 박물관이고, 반복하고 싶지 않은 수치스러운 과거의 기록입니다. 그리고 희생당한 사람들을 향한 사죄의 행동이라고도 볼 수 있습니다.

저는 다리가 참 못생겼습니다. 학창 시절 별명이 곰발이었을 정도로 퉁퉁한 발과 넓은 발볼 그리고 굵은 발목 때문에 절대 반바지를 입지 않았습니다. 하지만 교복 치마를 입어야 했기에 어쩔 수 없이 못생긴 다리를 드러낼 수밖에 없었죠. 그래서 사진은 반드시 상반신만 찍었습니다. 전신 모습은 최대한 찍지 않으려 노력했어요. 그렇지만 내 다리가 못생긴 것은 엄연한 사실이고, 고등학교 시절 친구들은 지금까지도 저를 '곰발'로 기억합니다. 대학생이 되어 다이어트 보조제를 먹으면서까지 다리 살을 빼려고 노력했습니다. 운동도 열심히 했고요. 생각만큼 운동이 잘되지 않을 때 동기부여를 위해 활용한 것이 바로 몇 장 남지 않은 곰발 시절의 다리 사진이었어요. 물론 지금 다리가 예쁘다고 말할 수는 없지만, 그 시절보다는 확실히 개선된 모습입니다. 곰발 사진이 일종의 슈톨퍼슈타인 역할을 한 것이죠.

부끄러움을 유발한 사건이나 현상을 한 번 경험하고 나면 똑같은 상황을 본능적으로 멀리하고 싶기 마련입니다. 부끄러움을 멀리하는 가장 효과적인 방법은 부끄러운 과거를 매듭짓는 일입니다. 이때 주목해야 할 점은 외면하는 것이 매듭짓는 일이 아니라는 것입니다. 외면은 타조가 사냥꾼을 만났을 때 큰 몸은 그대로 두고 머리만 수풀 속에 처박는 모양새와 같습니다. 외면한다고 결코 사라지지 않습니다. 그러나 존재했던 사실이 없어지지는 않지만 뇌리에서 사라지게 만들 수는 있습니다. 부끄러웠던 사건 혹은 현상을 직면(수용)하고, 합당한 조치를 취하고 나면 자연스럽게 뇌리에서 사라집니다. 이것이 바로 부끄러운 과거를 매듭짓는 방법입니다.

다리가 못생겼다고 감추기만 한다면 영영 반바지나 치마를 입지 못하겠죠. 숨기고 싶은 콤플렉스에서 벗어나지 못할 겁니다. 그러나 못생긴 다리를 직면(수용)하고, 운동과 다이어트 등의 합당한 조치를 취하고 나면, 상황이 개선되면서 서서히 콤플렉스에서 자유로워집니다. 못생긴 다리에 집중되었던 에너지를 비로소 다른 곳으로 돌릴 수 있게 됩니다.

마찬가지로 과거에 경험했던 부끄러운 행동과 현상을 마주하는 것이 바로 부끄러움에서 벗어나는 첫걸음입니다. 독일인들은 동판에 희생자의 이름과 관련 숫자들을 적어서 그들이 살던 동네 보행자 도로에 박아두는 번거로움을 선택했습니다. 이유 없이 희생된 평범한 그들을, 지금을 살아가는 평범한 우리가 기억하고자 하는 것입니다. 이것이 독일인들이 부끄러운 역사를 대하는 자세입니다. 부끄러움을 반복하지 않기 위해, 부끄러움을 마주하는 그들은 참으로 용기 있는 사람들입니다.

부끄러움의 절대적 기준을 찾아서

저는 오래된 아파트에 살고 있어요. 요즘 아파트처럼 넓은 지하 주차장이 없어서 좁은 지상주차장에 차를 세워야 합니다. 어쩔 수 없이 이중 주차를 할 수밖에 없죠. 그러나 그 속에도 규칙은 있습니다. 정주차 구역과 이중 주차선이 있는 곳에만 주차를 합니다. 이중 주차선 옆까지 주차하면 옆에 정주차한 차가 나갈 수가 없기 때문이죠.

며칠 전 차를 몰고 나가려다 보니 이중 주차선 옆에 차가 세워져 있었습니다. 기어를 중립으로 두지 않아 밀어서 옮길 수도 없었죠. 전화를 해서 차 주인에게 차를 빼달라고 부탁했습니다. 이른 아침에 전화를 받아서인지 퉁명스럽게 대꾸하더군요. 저는 이중 주차선이 아닌 곳에 주차를 하시면 다른 차가 나갈 수 없으니 주의해달라고 부탁했습니다. 그런데 그 사람은 대뜸 "남들도 다 이렇게 주차하는데 뭐가 문제예요?"라고 말하는 것이었어요. 저는 또다시 "여기에 주차하는 것은 잘못된 거잖아요. 이러면 다른 차에 불편을 줍니다"라고 말했습니다. 그랬더니 그 사람은 "별 같지도 않은 말을 하고 있네. 차 안 뺄 테니까 알아서 나가!"라고 하며 그냥 들어가

버렸습니다. 저는 물론이고 옆에서 지켜보고 있던 경비원도 당황해서 할 말을 잃었습니다.

분명 규칙을 지키지 않았고, 그 부분에 대해 불편함을 표현했는데 사과하기는커녕 되레 화를 내는 그 사람은 어떤 생각을 가지고 있는지 몹시 궁금했습니다. 그는 왜 그랬을까요?

똑같은 상황에 처하더라도 부끄러움을 느끼는 지점은 사람마다 조금씩 다릅니다. 그 이유는 기준이 다르기 때문입니다. 여자 키가 163센티미터면 큰 키일까요, 작은 키일까요? 저는 큰 키라고 생각합니다. 저의 키는 163센티미터가 되지 않기 때문입니다. 그 정도 키만 돼도 좋겠다고 생각합니다. 하지만 키가 163센티미터인 여자는 자신이 작다고 생각할지도 모릅니다.

부끄러움을 느끼는 기준도 이와 유사합니다. '벌금형 이상의 처벌을 받아야만 부끄러운 행위야'라고 생각한다면 누군가에게 피해를 주는 행위라 할지라도 잘못되었다거나 부끄러워할 필요가 없다고 인식합니다. 오히려 잠재적 불편함을 말하는 상대가 과민한 사람일 뿐이죠. 그런 사람은 별것도 아닌 일에 왜 가타부타하느냐며 화를 내는 것이 자연스러운 의식의 흐름입니다. 그렇다면 과연 법만으로 충분할까요?

법을 어기지 않았다고 해서 모든 행동이 공정하고 모두가 행복할까요? 앞서의 이웃은 위법을 행하지는 않았지만 저한테 공정한 태도를 보인 것일까요? 결론부터 말하자면 그렇지 않습니다. 법만으로 우리 사회의 건전성과 형평성을 유지하는 데에는 한계가 있습니다. 법은 최소한의 윤리이기 때문입니다. 법은 여러 계층의 사람들을 대상으로 만들어진 개념이기에, 생각보다 상당히 보수적인 성향을 띱니다. 그리고 삶의 모든 경우의 수만큼 법을 만들 수도 없는 노릇이죠. 그래서 법을 보완하는 다양한 개념들이 존재하는데, 도덕과 규칙, 윤리와 매너 등입니다. 법을 어겨서 처벌을 받지는 않더라도 사회적인 비난은 받게 됩니다.

그렇다면 우리는 보다 근본적으로 생각해봐야 합니다. '어떤 행동을 할 때 법적 처벌과 사회적 비난을 기준으로 의사 결정을 해야 하는가?'를 말이죠. 그보다 더 자발적인 내적 기준이 필요합니다. 그리고 우리 모두 그런 기준을 가지고 있죠. 앞서 언급한 양심이 바로 그것입니다. 양심은 현상을 객관적으로 바라보게 만드는 일종의 시스템입니다. 그리고 자기 검열의 도구이기도 하죠. 양심의 기준이 지나치게 높아서도 안 되겠지만, 터무니없이 낮은 것은 당연히 경계해야 합니다.

지금 내 양심의 기준이 정확한지, 오염되지 않았는지 수시로 조율할 필요가 있습니다. 그리고 이 조율은 성찰을 통해 비로소 가능합니다. 성찰은 기본적으로 나를 다시 돌아보는 것에서 시작합니다. 내가 했던 행동과 말, 그렇게 하게 된 사고의 흐름을 되돌아보아야 합니다. 이때 중요한 포인트가 하나 있습니다. 단순히 다시 생각해보는 것이 아니라, 비판적 시각을 가지고 좀 더 객관적으로 돌아보아야 한다는 것입니다. 스스로에게 '왜?' 그런 행동을 했는지 물어보는 거예요. 그래야 어제보다 성숙한 존재로 성장할 수 있습니다.

지난해 자신의 모습을 부끄러워하지 않는 사람은
충분히 배우고 있지 않는 사람이다. _알랭 드 보통

누구나 어른이 처음입니다. 한 번 경험해 보고 어른이 되는 사람은 없습니다. 어느 텔레비전 프로그램의 제목처럼 어쩌다 보니 어른이 되어버렸습니다. 좋은 어른이 되는 방법을 구체적으로 배워본 적도 없습니다. 추상적인 도덕과 윤리로 상식적인 학문만을 배웠을 뿐이죠. 그럼 언제 배워야 할까요? '이건 아닌 거 같아'라고 양심이 말을 걸어올 때가 바로 좋은 어른이 되는 법을 배워야 할 때입니다. 추상적인 좋은 말 대잔치가 아닌, 매우 구체적인 생활밀착형 방법을 배워야 합니다. 그것이 우리 아이들에 대한 의무이자 책임이기 때문입니다.

골룸이 되지 않기 위하여

악의 평범성은 악인이 멀리 있지 않음을 시사합니다. 조건이 갖추어지고, 어쩔 수 없는 상황이라고 스스로 수용한다면 누구나 악인이 될 수 있다는 의미이기도 합니다.

2018년 국회 대정부 질문에서 S의원은 예산회계 시스템에서 국회의원의 권한으로는 볼 수 없는 자료를 얻게 된 배경을 동영상을 통해 시연했습니다. 시스템 검색창에 백스페이스backspace 키를 두 번 누르니 권한 외 자료에 접근되었다는 겁니다. 전혀 의도하지 않았고, 우연한 기회에 정보를 얻어서 사용했을 뿐 불법이 아니라는 주장이었습니다.

지금 길을 걷고 있는데 대문이 열려 있는 집을 우연히 발견했다고 가정해봅시다. 호기심에 대문을 열어보니 방문도 잠겨 있지 않습니다. 또 혹시나 하는 마음에 문을 열었더니 금고가 열려 있는 겁니다. 금고 안에는 골드바가 하나 들어 있고요. 당신은 금고에 있는 골드바를 가지고 나와도 될까요? 우연히 열린 집 문으로 들어가 역시나 열린 금고에서 물건을 집어 나왔을 뿐 애초에 훔칠 의도는 없었으니 불법이 아닌 걸까요?

전문가들은 S의원이 고의성과 해킹 툴의 사용 여부와는 상관없이 자신에게 허용된 권한을 넘어선 것 자체가 불법이라고 지적합니다.[6]

행동경제학자 댄 애리얼리 교수는 《거짓말하는 착한 사람들》에서 이와 비슷한 맥락의 이야기를 열쇠장이의 사례를 들어 얘기합니다. 이야기 속 주인공은 집 안에 열쇠를 둔 채 집 문이 잠겨버려, 인증받은 열쇠장이에게 문을 열어달라고 부탁합니다. 불과 몇 분

---

6. 경향신문, 2018.10.06. "심재철 의원님, 백스페이스 두 번도 해킹은 해킹입니다"

만에 문이 열리는 것을 보고 주인공이 놀라자 열쇠장이는 이렇게 말합니다.

"세상 사람들 중 1퍼센트는 어떤 일이 있어도 절대 남의 물건을 훔치지 않지요. 또 1퍼센트는 어떻게든 자물쇠를 열어 남의 것을 훔치려 합니다. 나머지 98퍼센트는 조건이 제대로 갖춰져 있는 동안에만 정직한 사람으로 남습니다. 이 사람들이 강한 유혹을 느끼면 얼마든지 정직하지 않은 쪽으로 옮겨갈 수 있습니다. 자물쇠는 문이 잠겨 있지 않았을 때 유혹을 느낄 수 있는, 대체로 정직한 사람들의 침입을 막아줄 뿐이지요."[7]

우리는 누구나 골룸이 될 수 있다는 것을 인정해야 합니다. 동시에 우리는 누구나 골룸이 되지 않을 수 있습니다. 그러나 혼자서는 할 수 없습니다. 개인의 의지만으로는 역부족입니다. 영화 〈신과 함께 2 : 인과 연〉에서도 비슷한 맥락의 대사가 나오죠. "나쁜 사람은 없다. 나쁜 상황만 있을 뿐." 이 말이 전적으로 옳다고 할 수는 없습니다. 그러나 개인의 의지만으로 비윤리적인 행동을 근본적으로 차단할 수 없음은 인정해야 합니다.

그럼에도 불구하고 우리는 윤리성을 높여 보다 좋은 어른이 되어야 할 필요를 느낍니다. 그럼 이제부터 윤리성을 높이는 방법에 대해 알아볼까요?

---

7. "거짓말하는 착한 사람들", 댄 애리얼리 저, 이경식 역, 청림, 2012

보다 민감하게,
보다 세밀하게

윤리적 민감성을 높여야 하는 이유

저는 남녀공학 고등학교를 다녔습니다. 남녀공학이라고는 하지만 성별에 따라 층이 철저히 분리되어 있었습니다. 별다른 특기활동을 하지 않은 저에게는 미술실이나 음악실로 가는 도중 스치는 것이 이성을 만날 수 있는 유일한 순간이었습니다. 제게는 짝사랑하던 남자아이가 있었습니다. 지금 생각해보면 못생긴 편에 속하고, 키도 크지 않았으며, 그다지 사교적이지도 않았는데 왜 그리 그 아이가 좋았던지요.

하루는 발표회 준비를 하느라 음악실에서 합창 연습을 하게 되었습니다. 그런데 그 아이가 바로 뒷줄에 앉은 거예요. 그때부터 합창 연습은 안중에도 없고 온 신경이 그 아이에게 집중되었습니다. 고개를 돌려서 보지는 않았지만 그 아이가 누구와 잡담을 하고 있는지, 지금 무얼 하는지 신기하게도 다 들리고 다 보이는 것 같았습니다. 그런데 그때 그 아이가 연필을 떨어뜨렸습니다. 그것도 제 발밑에 말이에요. 저는 그 아이가 부탁하기도 전에 연필을 냉큼 주워 그 아이 손에 건네주었고 슬쩍 눈이 마주쳤죠.

그때부터 저는 온갖 생각에 사로잡혔습니다. 그 눈빛은 무엇을 의미하는 걸까? 그 아이도 혹시 나에게 관심이 있는 건 아닐까? 혹시나 그 아이가 내 마음을 눈치챈 것은 아닐까? 이런 생각들이 머릿속에 온통 가득했습니다. 그 사건이 있은 후부터 놀라운 일이 일어났어요. 우연히 내다본 운동장 저 끝에서 농구를 하는 그 아이가 선명히 보이기 시작했습니다. 그 아이에게 민감하게 반응하는 나를 발견하게 된 겁니다.

이처럼 우리는 누군가 또는 무언가 관심 있는 것을 인식하면 대상자의 작은 변화와 움직임 하나도 감지해낼 수 있습니다. 그리고 나아가 나의 행동으로 인해 미치게 될 영향에도 민감하게 반응합니다. 윤리적 민감성도 이와 다르지 않습니다.

윤리적 민감성은 사회 또는 문화적 윤리 문제에 주의를 기울이는 정도를 말합니다. 윤리적 민감성은 윤리 감수성이라고도 표현할 수 있습니다. 윤리적 민감성이 높을수록 윤리적으로 행동할 가능성이 높다고 할 수 있습니다. 그 이유는 나의 무의식적인 행동이 윤리적으로 어떤 영향을 미칠지 충분히 인식하고 있기 때문입니다. 윤리적 기준으로 자기통제가 이루어진다고 볼 수 있습니다.

윤리적 민감성은 사람에 따라 다르게 느껴집니다. 그래서 모호하다고 생각하기 쉽습니다. 단언컨대 정답은 반드시 있습니다. 그 정답을 찾아가는 시발점은 바로 지금 당연하게 여기는 것들에 대해 이렇게 묻는 것입니다.

"이거 정말 당연한 거 맞아?"

20년 전 직장 생활을 시작했던 시기의 이야기를 예로 들어보겠습니다. 제가 다니던 회사에서 회식은 1차로 고기와 소주, 2차로 마른안주와 맥주, 3차로 노래방이 불문율이었습니다. 그리고 리더가 옆에 앉으면 안주 수발을 드는 것이 신입사원의 역할이었죠. 리더가 "위하여!" 하고 외치면 저는 후딱 소주 한잔을 마시고, 마늘을 좋아하는 취향을 반영하여 고기 한 점에 마늘 두 개를 넣어 적당한 크기의 쌈을 준비해서 드렸죠. 그 당시에는 당연한 문화였습니다. 그런 걸 잘해야 눈치 빠른 신입사원이라고 칭찬을 받았습니다.

그런데 지금도 당연한 일일까요? 절대 그렇지 않습니다. 물론 팀의 단합과 소통을 도모하기 위해 회식을 하지만, 그러한 행태는 당연하다고 할 수 없습니다. 당연시 여기는 행동에는 그 세대의 문화가 반영되어 있습니다. 문화의 생산과 소비주체는 당연히 바뀝니다. 그리고 그들이 성장해온 사회적 환경과 문화는 사고방식과 삶의 방식에 영향을 미칩니다. 같은 공간에서 살아가지만 각기 바라보는 관점이 다릅니다. 중요하다고 인식하는 가치관이 다른 것입니다. 그래서 과거에는 크게 문제되지 않았던 언행들이 지금은 누군가에게 작은 혹은 치명적인 문제가 될 수 있습니다.

이처럼 '나에게 당연한' 언행들이 나와 조직, 그리고 사회에 어떤 영향을 미칠지 생각하는 것이 윤리적 민감성입니다. '모두에게 당연한'이 아니라 '나에게만 당연한'이란 부분에 방점을 찍는 것이죠. 나의 경험 총량의 가치가 누군가에게도 같다는 생각은 위험합니다. 가치관이 다르고 경험치가 다른 누군가에게 나의 것이 옳다고 강요하는 것은 일종의 폭력입니다. '나에게 당연한 것이 그에게도 당연할까?'를 고민하는 것은 윤리적 민감성을 높여 폭력을 예방할 뿐만 아니라 관계를 유연하고 개방적으로 이끄는 기본 요소이기도 합니다.

윤리적 민감성 키우는 방법 1 : 아는 만큼 보인다

시즌을 거듭하며 인기리에 방영되었던 〈알쓸신잡〉(알아두면 쓸데없는 신비한 잡학사전)이라는 텔레비전 예능 프로그램이 있습니다. 이 프로그램은 각 분야의 전문가들이 한 지역을 여행하면서 관련된 다양한 역사적 사실과 이면의 인문학적 지식을 수다로 풀어내는 것입니다. 그들의 얘기를 듣고 있자면, '예전 수학여행을 갔던 경주가 저렇게 멋진 곳이었어?' 혹은 '며칠 전 심드렁하게 지나친 토성이 그런 의미였어?'라는 생각이 듭니다. 그들의 수다를 듣고 나서 다시 돌아보면 그저 관람용 유적이었던 것이 과거에서 살아 돌아와 나에게 말을 거는 듯합니다. 건축물이 품은 역사적 진실과 숨겨진 이야기가 건축물에 가치를 더하기 때문입니다.

아는 만큼 세상이 보입니다. 내가 피사체에 대해 얼마나 많은 정보를 알고 있느냐에 따라 카메라에 담는 구도가 변화합니다. 내가 생각하는 피사체의 가치를 최대한 드러낼 구도를 찾게 마련이죠. 우리의 눈을 통해 보는 많은 피사체들의 가치는 얼마나 많이 알고 있느냐에 따라 결정됩니다.

우리는 사회문화적 현상을 바라볼 때도 이와 동일한 관점을 가질 필요가 있습니다. 현상을 보이는 대로만 인식하지 않고, 숨겨진 진실과 원인을 알고자 하는 자세 말이죠. 아는 만큼 보이기 때문입니다. 사회문화적 현상의 의미는 윤리적 가치를 통해 재평가됩니다. 그리고 앞서 언급한 바와 같이 윤리적 가치는 사회문화적 영향으로 조금씩 진화합니다. 마치 생물처럼 말이에요. 사회문화적 가치는 현재를 살아가는 사람들이 창조해내는 것입니다.

코로나19로 이제는 마스크없이 살던 예전 일상이 아득하게 느껴질 정도입니다. 마스크를 쓰면 숨쉬기가 답답한데도 우리는 언제 어디서나 마스크를 착용합니다. 왜 그런가요? 질문이 바보같죠? 네, 코로나19 바이러스의 확산을 막기 위해서입니다. 그런데 눈에 보이지도 않는 코로나19 바이러스가 존재한다는 것을 우리는 어떻게 알죠? 눈에 보이지 않는다고 존재하지 않는 것이 아니라는 것을 우리는 경험적으로 잘 알고 있기 때문입니다.

사람들은 가시적 물체 또는 현상에 대해서는 직접적인 감정을 느끼고 그에 맞는 대응을 합니다. 반면 눈에 보이지 않는 물체나 현상에 대해서는 무감각하고 남의 얘기처럼 멀게만 느끼죠. 그러나 기억해야 합니다. "눈에 보이지 않는다고 존재하지 않는 것이 아니다"라는 단순한 사실을 말입니다. 또한 눈에 보이지 않는다고 해롭지 않은 것도 아닙니다. 다만 우리가 자각하지 못할 뿐 바로 우리 옆에 존재합니다.

비윤리적 행위도 이와 같습니다. 지금 당장 눈에 보이지 않는다고 그 행위가 존재하지 않는 것은 아닙니다. 지금까지 그래 왔다고 해서 그 행위가 정당화될 수 있는 것도 아닙니다. 내가 잘 몰랐다고 해서 비윤리적 행위가 보편적으로 수용될 수도 없습니다. 그러므로 우리는 비윤리적 행위를 민감하게 자각하는 노력을 해야 합니다. 그래야 나 자신을 잠재적 위험에서 보호하고, 나아가 우리 사회의 건전성을 수호할 수 있습니다.

코로나19로부터 자신을 보호할 수 있는 방법은 세 가지입니다. 첫째는 코로나19가 무엇인지, 어떻게 확산되고, 왜 위험한지를 알아차리는 것입니다. 둘째는 가급적이면 외출을 자제하는 것이죠. 셋째는 꼭 외출해야 할 상황이라면 마스크를 착용해서 피해를 최소화하는 것입니다.

일상 속의 비윤리적 행위로부터 자신을 보호하는 방법도 이와 동일합니다. 첫째는 일상에서 비윤리적 행위가 무엇인지를 인식하는 것입니다. 비윤리적 행위를 민감하게 감지하는 것이죠. 둘째는 비윤리적 행위를 감지했을 때 가급적 피하는 것입니다. 그 상황뿐 아니라 행위자와의 만남도 자제합니다. 셋째는 어쩔 수 없이 관계를 맺어야 한다면 제도적 장치와 주변인의 도움을 받아 피해를 최소화하는 것입니다.

일상에서 비윤리적 상황에 대처하는 방법은 결코 어렵지 않습니다. 예상치 못하게 비윤리적 상황에 직면했을 때 세 가지 방법을 따르면 외부적 위험으로부터 당신과 소중한 사람들을 보호할 수 있습니다. 그런데 이런 의문이 들지 모릅니다. "피한다고 해결되는 게 아니잖아." 물론 틀린 말은 아닙니다. 이 내용은 다음에서 좀 더 심도 있게 살펴보겠습니다.

윤리적 민감성 키우는 방법 2 : 공감 능력을 높여라

윤리적 민감성을 키우는 두 번째 방법은 다름 아닌 공감 능력을 키우는 것입니다. 현대인들에게 공감 능력이 중요하다는 것은 굳이 언급할 필요도 없을 것입니다. 공감 능력은 윤리적 민감성을 키우는 데도 필요한 역량입니다. 아니, 가장 중요한 핵심 요소라고 할 수 있습니다.

우리 두뇌 속에는 거울 뉴런이라는 흥미로운 뉴런이 있습니다. 상대의 행동을 보고 비슷하게 따라 하는 심리를 일으키는 것이죠. 친밀한 관계일수록, 관심을 가진 대상일수록, 과거 유사한 경험이 있을수록 그러한 심리가 더 강하게 나타납니다.

텔레비전에서 누군가 신 레몬을 한입 베어 무는 것을 보면 자기도 모르게 미간을 찌푸리고, 입안에 침이 고이는 것도 거울 뉴런 때문입니다. 실제로 레몬을 먹지 않았지만, 상대방이 얼마나 시큼한 맛을 느낄지 알고 있기 때문입니다. 가족 중 한 명이 돌부리에 걸려 넘어져서 무릎이 까졌을 때, 그 상처만 보고도 가슴이 저려오는 것도 마찬가지입니다.

태어날 때부터 가지고 있는 공감 능력을 정서적 공감 능력이라고 합니다. 일반적으로 남자아이보다는 여자아이들의 정서적 공감 능력이 뛰어나다고 합니다. 옆에서 엄마가 울면 남자아이들은 엄마를 한 번 힐끗 쳐다볼 뿐 별다른 후속 행동을 하지 않지만, 여자아이들은 엄마에게 다가가 눈물을 닦아주거나 안아주고 함께 울기도 합니다.

공감 능력은 현대사회에서 중요한 역량으로 평가받습니다. 2013년 8월 〈하버드비즈니스리뷰HBR〉에 발표된 '여성 리더가 성공하는 이유'에서는 여성성이 미래 리더들의 경쟁력을 결정한다고 밝혔습니다. 특히 여성성으로 대표되는 공감은 단순하지만 획기적인 혁신을 이끌 수 있다고 분석했습니다.[8] 여성성은 여성에게만 국한된 역량이 아닙니다. 여성도 남성성을 가지고 있듯이 남성에게도 여성성이 있습니다. 다만 여성의 경우 타고난 정서적 공감 능력이 더 우월한 것입니다.

그러나 다행스럽게도 공감 능력은 후천적으로도 개발됩니다. 신 레몬을 먹는 누군가를 볼 때 시큼함을 느끼는 것은 과거 레몬에 대한 경험 때문이죠. 이런 후천적 공감 능력을 인지적 공감 능력이라고 합니다. 다시 말하면 공감 능력은 노력에 의해 충분히 개발할 수 있다는 의미입니다.

공감 능력을 키우기 위해 가장 좋은 방법은 상대의 삶을 살아보는 겁니다. 그 사람의 처지와 동일한 환경에서 동일하게 살아보는 것이죠. 하지만 상당히 제한적이며 현실성이 떨어집니다. 그럼 어떻게 해야 공감 능력을 높일 수 있을까요? 바로 공감할 상대의 삶을 시뮬레이션해보는 겁니다. 그 사람의 현재상황과 과거의 경험을 토대로 미래를 예측해보는 것이죠. 예측된 미래가 현재 의사 결정의 기준이 되기 때문입니다. 그렇기에 올바른 시뮬레이션을 위해 필요한 것은 상대에 대한 다양한 정보입니다. 현재의 상황, 환경, 가치관뿐 아니라 과거의 경험 등을 아는 것이 바로 공감 능력을 높이는 첫걸음입니다.

---

8. 이투데이, 2013.08.14. "[싱크탱크] 여성 리더가 성공하는 이유"

상황을 한번 가정해보겠습니다. 초등학생 자녀를 둔 부모가 새로운 집으로 막 이사를 와서 아이가 학교에 간 사이 아이방의 가구를 배치합니다. 침대 옆에 책상을 배치하고, 또 그 옆에 책장을 놓아둡니다. 보기에는 별 문제 없어 보입니다. 그러나 뭔가 부족한 느낌이 들어서 아이 침대에 누워봅니다. 창으로 햇볕이 강하게 들어와 편하게 휴식을 취하기 불편합니다. 이번에는 책상 앞에 앉아보니 창이 멀리 있어서 대낮인데도 어둠침침합니다. 책장은 생각보다 너무 낮아 맨 아래칸으로는 손이 거의 가지 않습니다. 그래서 책상과 침대를 바꾸어 배치합니다. 책장 아래칸에는 현재 잘 쓰지 않는 아이의 예전 일기장을 모아두고, 아이의 눈높이에는 가장 많이 읽을 책을 꽂아둡니다.

겉으로 보기에는 크게 다르지 않지만, 아이 입장에서는 훨씬 효율적인 가구 배치입니다. 이렇게 아이처럼 누워보고 앉아보는 것이 바로 시뮬레이션 방법입니다. 이때 아이의 학습에 필요한 책 정보를 알고 있다면 책도 훨씬 효율적으로 책장에 꽂을 수 있을 것입니다. 이런 시뮬레이션이 공감 능력을 키우는 가장 확실한 방법입니다. 이때 상대에 대해 더 구체적인 정보를 많이 가지고 있을수록 당연히 더 큰 효과가 나타나겠죠.

공감 능력이 사라지는 사회, 권력 중독을 경계하라

공감 능력은 개인 삶의 만족도를 결정짓는 중요한 개념입니다.

주변에 나에게 공감하는 사람이 많다는 것은 그만큼 배려해주는 사람이 많다는 것을 의미하니까요. 그럼 공감을 사회 전반으로 확장해볼까요? 시민들이 사회제도에 공감한다는 것은, 제도를 소비하는 시민들이 사회제도의 배려를 받고 있음을 의미합니다. 사회 구성원들은 자신에게 딱 맞는 서비스를 제공받을 수 있는 사회제도에 높은 만족감을 느낍니다. 그러므로 사회제도를 구상하고 도입해서 집행하는 사람들은 높은 공감 능력을 갖춰야겠습니다. 그들의 선택이 다수에게 아주 큰 영향을 미치니까요.

2019년 7월 16일부터 대한민국에 새로운 법이 시행되었습니다. 이른바 갑질을 제도적으로 제한하는 「직장 내 괴롭힘 금지법」입니다. 필요한 법이지만 한편으로는 우리 사회에 만연한 괴롭힘 문화의 심각성을 직면한다는 씁쓸한 마음이 들기도 합니다. 어떤 리더는 부하직원을 상습적으로 폭행하고, 어떤 리더는 민망한 옷을 입고 아이돌 춤을 추라고 강요합니다. 어떤 리더는 입에 담기 힘들 폭언을 일삼고, 어떤 리더는 집단 따돌림을 종용합니다.

왜 그들은 일말의 부끄러움도 없이 이런 괴롭힘을 반복하는 것일까요? 공감 능력의 결여 때문입니다. 공감 능력의 결여 현상은 특히 권력이 집중된 계층일수록 뚜렷이 나타나는데, 이런 현상을 권력중독이라고 합니다. 뇌신경 심리학자이자 아일랜드 더블린트리니티 대학 교수인 이안 로버트슨은 《승자의 뇌》에서 권력을 쥐면 사람의 뇌가 바뀐다고 주장했습니다. "성공을 경험하면 혈중에 신경전달물질인 도파민과 남성호르몬인 테스토스테론의 분비가 활성화돼 화학적 도취 상태가 된다."

서울아산병원 정신건강의학과 김병수 교수는 권력중독에 대해 이렇게 말했습니다. "도파민으로 얻는 쾌감은 술이나 마약, 섹스 등으로 얻는 것과 같다. 권력에 도취될 때 나타나는 뇌의 호르몬 변화로 타인의 감정을 읽고 재구성하는 기능을 담당하는 전두엽과 섬엽의 거울 뉴런 기능이 저하되는데 이는 극단적 자기중심성을 보이는 사이코패스에게서 나타나는 현상과 같다."[9]

권력자들의 이해할 수 없는 갑질 행동의 메커니즘을 조금은 이해할 수 있는 대목입니다. 그렇다고 해서 그들의 괴롭힘이 정당화될 수는 없습니다. 다만 우리는 공감 능력이 결여된 사회가 얼마나 무시무시한지를 깨달을 수 있습니다. 따라서 일정 수준의 공감 능력을 유지하고 살아가는 것은 공동체 구성원으로서 최소한의 의무라는 것을 알 수 있습니다. 누구나 권력에 중독될 수도 있고, 누구나 권력중독을 예방할 수도 있습니다. 어떠한 것이든 한번 중독에 빠지면 헤어나기 힘듭니다. 그렇기에 애초에 중독되지 않도록 자기절제가 필요합니다. 효과적으로 절제하는 방법이 바로 상대방의 삶을 살아보는 것, 즉 시뮬레이션입니다.

사자성어로는 '처지를 바꿔서 생각해보는' 역지사지易地思之라고

---

9. 한국일보, 2016.03.26. "'나는 뼛속까지 슈퍼갑' 권력에 취하다"

할 수 있습니다. 그러나 권력중독에 빠지지 않으려면 단순히 입장
을 바꿔서 생각하는 것을 넘어서 더 적극적으로 상대의 삶을 살아
보려는 노력이 필요합니다. 그리고 이런 노력을 통해 주위 사람들
에게서도 공감 능력을 끌어낼 수 있습니다. 건전한 사회를 만드는
의미 있는 선순환입니다.

나의 결정은 누구에게 영향을 미칠까?

우리의 선택과 행동은 필연적으로 누군가에게 영향을 미칩니
다. 마찬가지로 누군가의 선택과 행동 역시 필연적으로 우리에게
영향을 미치죠. 인위적으로 작은 변화를 일으킨 것이 생태계에 연
쇄적으로 부정적 영향을 미치는 현상을 방아쇠 효과trigger effect라고
합니다.

미국 애리조나주 카이바브 고원의 사슴을 보호하기 위해 천적
인 퓨마와 늑대 사냥을 허가하자 사슴의 개체 수가 급격히 증가했
습니다. 그러나 얼마 지나지 않아 사슴의 개체 수가 절반으로 줄어
듭니다. 무슨 일이 있었던 걸까요? 이유는 늘어난 사슴이 고원의
풀을 먹어 치우고, 그 결과 풀이 고갈되면서 고원이 황폐화되었
기 때문입니다. 이처럼 생태계 안에서 우리의 선택과 행동은 필
연적으로 우리 자신에게 되돌아온다는 이론이 바로 방아쇠 효과
입니다.

이런 현상은 윤리 생태계에도 동일하게 적용됩니다. 공정한 사

회에서 특정 집단의 이익을 추구하면 연쇄적으로 부정적 현상이 나타납니다. 힘의 균형을 이루지 못하고 한쪽으로 치우치기 때문이죠. 어떤 행동을 의도했느냐 의도하지 않았느냐를 떠나서 누구에게 영향을 줄 수 있는지를 민감하게 예측하는 능력은 상당히 중요합니다. 우리의 사회는 수많은 개연성과 복잡한 이해관계로 연결되어 있기에, 잘못된 행동 하나가 예상하지 못한 사람들에게까지 영향을 미칠 수 있습니다. 그러므로 반드시 이런 관계성을 인식하고 있어야 합니다.

윤리 생태계에서 이렇게 영향을 주는 대상들을 윤리 이해관계자라고 합니다. 이는 경영학에서 말하는 개념인데요, 사회society, 공급자·협력자partner, 투자자·주주investor, 고객customer, 종업원employee으로 나눌 수 있습니다. 이들의 머리글자를 따서 SPICE스파이스라고 쉽게 표현하고 있습니다. 우리의 의사 결정이 다섯 대상들에게 크고 작은 윤리적 영향력을 행사하는 것입니다.

사회society는 국가, 지역사회, 정부뿐 아니라 환경, 인권 등 공공의 선을 아우르는 개념으로, 개인이나 조직의 행동과 판단이 국가와 지역사회 및 환경 등에 미치는 영향력을 말합니다.

공급자·협력자partner는 조력자, 친구, 경쟁자, 협력사, 하청업체, 산하기관 등을 의미합니다. 사회적 동물인 우리에게 매우 중요한 대상으로, 서로에게 건전하고 상생을 도모하는 영향을 주고받아야 하는 당위성이 있음을 알 수 있습니다.

투자자·주주investor는 주로 기업이나 조직에 해당하는 개념으로, 경제적 의사 결정자인 주주나 투자자의 윤리적 생존과 지속적 투자성을 고려해야 합니다.

고객customer은 개인에게는 직접적인 이익에 영향을 미치는 상대이며, 기업의 입장에서는 구매를 통해 조직에 영향을 미치는 존재입니다. 기업은 소비자들의 권익과 이익에 우선하는 제품과 서비스를 개발하고 유통해야 합니다. 경제적 주체인 소비자는 가성비를 따져서 구매를 선택합니다. 지불할 금액보다 효용가치가 높다고 판단되는 제품과 서비스를 구매하는 것이죠. 그런데 흥미롭게도 최근에는 가성비뿐 아니라 가심비價心比를 기준으로 구매를 선택하는 소비자들이 늘어나고 있습니다. 경제적 가치뿐 아니라 심리적 만족감으로 주체적 소비를 실천하는 것이죠. 이른바 착한소비라고도 불리는 윤리적 소비입니다.

조금 비싸더라도 자신의 신념에 따라 구매하는 윤리적 소비는 MZ세대를 중심으로 빠르게 소비의 한 축을 형성하고 있습니다. 예를 들어 조금 더 비싸더라도 공정무역 원두를 구매한다든지, 부도덕한 특정 기업의 제품을 구매하지 않는 것이 소비를 통해 자신의 신념을 표현하는 미닝아웃Meaning out 소비 형태라고 볼 수 있습니다. 이는 소비 주체가 과거에 비해 현명해지고 있으며, 구매에 이르기까지 다층적 의사 결정 단계를 거치고 있음을 보여줍니다.

마지막으로 종업원employee은 개인에게는 자신과 동료, 그리고 가족, 기업에게는 근로자와 근로자의 가족을 아우르는 개념으로 이해할 수 있습니다. 방아쇠 효과처럼 자신의 의사 결정에 따른 행동은 필연적으로 결국 자신과 가족에게 다시 영향을 미치므로 모든 행동에 신중을 기해야 합니다.

현재 기업과 개인이 윤리적 이슈로 곤혹을 치르는 것은 윤리 이해관계자들에 대한 이해와 공감이 부족했기 때문입니다. 다섯 대상들에게 어떤 영향을 미칠 수 있을지 정교하게 시뮬레이션을 했다면 적어도 윤리적 이슈에 대처하는 방법을 미리 준비할 수 있었을 것입니다. 아니, 윤리적 이슈가 발생하지 않도록 다른 의사 결정을 했을 것입니다.

윤리적 민감성 키우는 방법 3 : '왜?'라고 묻기

윤리적 가치는 사회 문화적인 영향을 많이 받습니다. 그래서 동일한 행동이라도 해당 사회의 문화적 환경에 따라 다른 가치평가를 받는 것입니다. 동서고금을 막론하고 추구하는 보편적 가치는 동일하지만, 가치의 수혜자와 기준은 사뭇 다릅니다. 예를 들어 '약자에 대한 배려'는 보편타당한 윤리적 가치관입니다. 그러나 노예시대에 약자의 개념은 지금과는 상당한 거리가 있습니다. 노예시대에도 약자를 배려하는 것은 옳은 일이었지만, 그 약자에 '흑인'은 포함되지 않았습니다. 백인 어린이와 여성들만 배려의 대상이었죠.

지금은 피부색으로 인간의 존엄을 구분하지 않습니다. 너무나 당연한 일이죠. 그러나 에이브러햄 링컨 대통령이 노예해방을 선언한 1863년 이전에는 당연한 것이 아니었습니다. 노예는 가축과 다름없는 사유재산의 일종으로 인식되었습니다. 링컨 대통령은 "왜 흑인은 노예로 살아야 하는 걸까?"라는 의문을 품었고, 그 물음이 단초가 되어 세상을 보다 윤리적으로 진보시켰습니다.

노예해방 이후 비폭력투쟁으로 흑인들의 인권을 신장해 노벨평화상을 수상한 마틴 루터 킹 목사도 흑인 차별이 당연하던 시절 "왜 흑인은 차별받아야 하지?"라는 의문을 품었습니다. 그리고 그 물음을 시작으로 흑인차별법이 폐지되기에 이릅니다. 이것은 모든 차별은 옳지 않다는 시각을 확장하는 중요한 요소로 작용했습니다.

링컨 대통령과 마틴 루터 킹 목사는 그 누구도 선뜻 생각하지 못하는 부분에서 "왜?"라고 물었습니다. 그때는 당연하게 생각하던 것이 실제로는 당연한 것이 아니었습니다. 그러므로 우리는 늘 합리적인 의심을 하며, "왜?"라고 묻는 데 주저함이 없어야 합니다. 지금 나에게는 불편하지 않는 것이 누군가에게는 불편함을 줄 수 있습니다. 현실적인 기준이 아닌 보다 보편적인 관점에서 사회와 주변을 바라보고 가치 판단을 해야 합니다. 일견 당연해 보이는 것에 대해 "왜?"라고 의심하는 것이 건전한 사회를 만드는 첫걸음입니다. 이와 같은 건강한 의심은 함께 살아가는 이 사회를 보다 안전하게 만드는 모터 역할을 합니다. 우리는 그 모터가 멈추지 않도록 지속적으로 관리하고 주시해야 합니다. 왜냐구요? 그 모터가 다름 아닌 나를 비롯한 우리의 소소한 일상을 지켜줄 테니까요.

있는 그대로를
바라보는 것

얼마 전 지인과 함께 근교로 산책을 다녀온 적이 있었습니다. 평소 시력이 좋지 않은 저는 다른 사람들보다 눈부심이 심한 편이어서 늘 선글라스를 챙겨 다닙니다. 그날도 카페 테라스에 앉아 커피를 마시는데 눈이 너무 부셔서 선글라스를 쓰고 풍경을 감상했습니다. 선글라스를 통해 보는 풍경은 마치 텔레비전 화면을 보는 듯 조금의 거리감이 느껴졌죠. 그때 함께 커피를 마시던 지인이 저에게 선글라스를 벗고 자연을 보라고 권하더군요.

저는 그 풍경이 그 풍경이지 하는 심드렁한 마음으로 선글라스를 벗고 자연을 바라봤습니다. 그런데 지금까지 내가 본 것은 무엇이었을까 싶을 정도로 전혀 다른 모습이 눈앞에 펼쳐졌어요. 갈색으로 보정되어 톤 다운된 색이 아닌, 짙은 초록부터 옅은 초록이 그러데이션된 모습이었습니다. 고유의 색이 빛과 조화를 이루며 말갛게 보였습니다. 날것 그대로의 자연색이라는 표현이 딱 맞을 것 같았습니다. 그제야 지인이 선글라스를 벗어보라고 권한 이유를 알았습니다.

우리는 모두 각자의 안경을 쓰고 세상을 바라봅니다. 누군가는 빨간색, 누군가는 노란색, 또 다른 누군가는 파란색으로 세상을 바라봅니다. 그러나 이 세상은 빨간색도, 노란색도, 파란색도 아닙니다. 각 개체의 고유한 색이 주변과 조화를 이루고 있을 뿐입니다. 우리는 있는 그대로를 받아들여야 합니다. 그러나 색깔 있는 안경을 쓰면 본래의 모습과 다르게 보일 수밖에 없습니다. 왜곡된 안경을 벗고 세상을 바라봐야 합니다. 아니, 내가 왜곡된 안경을 쓰고 있는지도 모른다는 합리적인 의심을 해봐야 합니다. 그래야 나에게는 당연하지만 누군가에게는 당연하지 않을 수 있는 현상이 존재함을 깨닫게 됩니다.

시력이 좋지 않은 저는 안경 없이 단 1미터 앞도 보이지 않습니다. 대학 시절 예쁘게 보이고 싶어서 눈이 나빠도 안경을 쓰지 않고 다니던 저는 종종 앞에서 다가오는 선배를 알아보지 못해 인사를 못하는 경우가 많았습니다. 이후 본의 아니게 인사도 안 하는 건 방진 후배가 되어버렸죠. 그뿐만이 아니었습니다. 바로 앞의 돌부리를 발견하지 못해 넘어지는 경우도 부지기수였어요. 정말 무르팍이 성할 날이 없을 정도였습니다. 그런데 이런 불편한 오해와 사고가 이것 하나로 완전히 해소되었습니다. 바로 콘택트렌즈였습니다. 콘택트렌즈를 끼고 나서는 선배를 알아보지 못해 인사를 건너뛰는 불상사도, 돌부리를 보지 못해 넘어지는 불상사도 반복되지 않았어요.

이런 측면에서 윤리 민감성은 우리의 관계와 안전을 지켜주는 안경과도 같습니다. 왜곡 없는 윤리 필터를 갖춘 안경을 착용해야 의도하지 않은 윤리적 문제를 방지할 수 있습니다. 일상의 작은 부분까지 있는 그대로 살펴봐야 의도하지 않은 피해자를 보호할 수 있습니다.

이런 노력이 필요한 진짜 이유는 따로 있습니다. 그 피해자가 내가 될 수도 있기 때문입니다. 결국 나의 안전한 오늘과 내일을 보장하는 방법은 신뢰할 수 있는 안전한 사회망을 만드는 것입니다. 느슨하고 성근 안전망이 사고를 유발할 수 있음을 인지해야 합니다. 혹여 성근 안전망 틈에 다친 사람이 있다면 그들의 고통을 공감할 수 있어야 재발을 방지하는 촘촘한 안전망으로 보수할 수 있습니다.

다층적 지위를 가진 우리는 절대 무소불위의 강자가 아닙니다.

모두가 상대적인 사회적 강자이자 약자입니다. 그러므로 윤리적 가치 판단과 의사 결정은 더 이상 '하면 좋은 잉여의 것'이 아닌 생존을 위해 '반드시 해야 하는 것'이라는 인식의 전환이 필요합니다. 그것이 바로 지금의 우리와 다음 세대의 안전한 일상을 지켜내는 가장 적극적이고도 확실한 방법입니다.

chapter **2**

좋은 선택을 하는 어른

Ethics Class

앎에서 출발하기

무지와 신념이 만나면 사회악이 된다

'그때는 맞고 지금은 틀리다'라고 하면 홍상수 감독의 영화 〈지금은 맞고 그때는 틀리다〉가 떠오릅니다. 물론 영화나 감독의 이야기를 하려는 것이 아닙니다. 영화 제목처럼 윤리적 가치관은 그 시대의 사회와 문화에 따라 형성되고 심지어는 옳고 그름이 결정된다는 것을 말하려는 것입니다. 물론 인권, 생명, 안전, 정의와 같은 보편적 공공선의 가치들은 변하지 않습니다. 다만 이를 실천하는 구체적인 방법how-to은 조금씩 변화합니다. 아니, 진화한다고 할 수 있습니다. 사회구성원들의 생각과 행동이 변화하고 진화하는 것과 맥을 같이하는 것입니다. 마치 살아 있는 생물처럼 말이죠.

2019년 7월 17일부터 채용 시 직무 수행과 관련 없는 개인정보 요구가 '채용절차법'에 의하여 전면 금지되었습니다. 채용의 공정성을 기하기 위한 변화라고 볼 수 있죠. 그렇다면 과거에는 채용의 공정성을 추구하지 않았을까요? 그렇지는 않습니다. 역시 공정한 채용을 추구했습니다. 그러나 조직에 적합한 사람right people을 선발하기 위해서는 가족, 환경, 신체조건 등도 살펴봐야 한다는 것이 일반적인 생각이었습니다. 외적인 조건들이 그 사람의 성향에 영향을 미친다는 의미였죠.

곽경택 감독의 영화 〈친구〉에서 고등학교 선생님이 학생에게 이렇게 물어보는 장면이 나옵니다. "느그 아부지 뭐 하시노?" 이 영화 하면 떠오르는 유명한 대사입니다. 집안의 환경도 개인의 역량을 가늠하는 일종의 스펙으로 평가한다는 것을 단적으로 보여주는 장면입니다. 모 국회의원 딸의 채용 비리 사건, 모 공기업의 채용 비리 사건 등 일련의 사회적 문제를 겪으면서, 과거에는 그저 관행으로 여기던 것이 지금은 위법에 해당하는 사례가 됨을 종종 목격합니다. 변화한 사회문화적 요구 사항이 제도로 반영되어 더욱 정교하게 다듬어지고 있습니다.

이런 까닭에 좋은 어른이 되기 위한 윤리적 노력은 앎에서 시작해야 합니다. 사회구성원의 요구 사항이 어떻게 변화하고 있는지, 비윤리적 행태가 현재 누구에게 어떻게 영향을 미치는지, 그리고 미래의 윤리 생태계에 어떤 영향을 미칠지 알아야 하는 것이죠. 그리고 윤리적 실천을 위해서 무엇을 해야 하는지도 구체적으로 알아야 합니다.

나치 시대의 아돌프 아이히만은 성실, 충직이라는 보편적 신념을 실천했다고 주장했습니다. 그러나 그는 선량한 유대인을 학살하는 것이 윤리적으로 옳은 것인지에 대한 비판적 고찰을 하지 않았습니다. 다만 개인적 가치관인 성실과 충직에 충실했을 뿐이었죠. 올바른 앎이 없는 신념은 잘못된 행동에 당위성을 부여하므로 잘못된 행동을 지속하게 만듭니다.

무지와 신념이 만나면 의도하지 않은 사회악이 탄생합니다. 이것이 위험한 또 다른 이유는 죄책감과 자기반성이 없다는 것입니다. 자신은 악행을 저지를 의도가 없었고, 단지 주어진 일을 자신의 신념에 따라 수행했을 뿐이므로 자신에게는 책임이 없다고 생각하게 돼요. 악행에 일종의 면죄부가 따라붙는 것이죠. 한나 아렌트가 당부한 바와 같이 자기성찰이 필요한 까닭이 여기 있습니다.

무지는 아는 것이 없다는 뜻이죠. 앞서 서술한 바와 같이 무지는 위험합니다. 그러나 내가 알고 있는 것이 전부라고 생각하는 자발적 무지도 경계해야 합니다. 내가 살고 있는 세상이 다른 누군가에게는 전부가 아닐 수도 있기 때문입니다. 경험, 생각, 환경, 행동, 비전, 가치 기준 등 모든 영역에서 다름을 인정해야 합니다. 그러나 우리 모두는 예나 지금이나 심지어 미래에도 동일하게 보편적 가치를 추구해야 합니다. 안전하고 행복하게 함께 살아가는 가치 말입니다. 그렇지만 이 가치를 실천하는 방법은 시대, 사회, 문화에 따라 조금씩 다르고 또한 변화해간다는 것을 우리는 잊지 말아야 합니다. 윤리적 앎에서 출발해야 우리는 함께 잘 살아갈 수 있습니다.

올바른 선택은 있다

두 가지 이상의 윤리적 가치관이 부딪치거나 서로 다른 가치관들이 부딪쳐서 윤리적 의사 결정에 망설임을 초래하는 상황을 윤리적 딜레마라고 한다는 것을 기억하시죠? A를 선택하자니 B의 윤리적 가치가 타당하고, B를 선택하자니 A의 윤리적 손해가 무시할 수 없는 수준일 때 이러지도 저러지도 못하는 딜레마에 빠집니다.

중요한 미팅으로 서둘러 가던 당신은 바로 앞에서 교통사고를 목격합니다. 목격자는 공교롭게도 당신뿐입니다. 그러나 조금만 지체하면 비즈니스에 치명적인 영향을 미칠 것입니다. 미팅이 성사되지 않으면 회사에 소속된 수많은 사람들의 생계가 위태로워집니다. 당신은 신고를 하고 부상자를 돕겠습니까, 아니면 동료들의 생계를 지키겠습니까? 이런 윤리적 딜레마 상황에서 명쾌한 판단을 내리기란 쉽지 않아요. 그 어떤 것을 선택해도 옳고, 그 어떤 것을 선택해도 부정적인 영향이 야기됩니다. 그러나 반드시 우리는 선택해야 합니다.

회사에서 중요하게 여기는 가치관이 생명, 안전, 인권이라면 어떨까요? 그리고 회사의 모든 직원들에게 경제적 손실이 있더라도 우선해야 하는 가치는 생명과 안전이라고 지속적으로 교육하고 소통해왔다면 어떨까요? 아마 당신은 우선적으로 교통사고를 신고하고 구조에 나섰을 것입니다. 이런 의사 결정의 프로세스는 개인에게도 동일하게 적용됩니다.

당신에게 중학생 자녀가 있다고 가정해볼게요. 아이가 하루는 고민을 털어놓습니다. "엄마, 우리 반에 왕따가 한 명 있는데 너무 안쓰러워요. 그런데 내가 같이 놀면 나도 왕따를 당할 것 같고, 그냥 무시하자니 마음이 불편해요. 어떻게 할까요?" 이렇게 말하는 아이에게 당신은 뭐라고 말해줄까요? 평등이라는 보편적 가치를 실천하자니, 아이의 원만한 또래 생활에 장애가 발생할 위험이 있습니다. 아이는 두 가지 가치관이 상충하며 딜레마에 빠진 겁니다. 이때 가정에서 차별과 불평등의 부정적인 영향을 공유하고 용기 있는 아이의 행동을 지지한다고 지속적으로 소통했다면 어떨까요? 아마 아이는 조금 두렵더라도 스스로 옳다고 생각하는 행동을 선택했을 것입니다. 그리고 부모에게 이야기하고 도움을 요청했을 것입니다.

이처럼 윤리적 딜레마는 우리 일상 속 어디에나 존재합니다. 그리고 우리의 선택을 요구하죠. 그러므로 선택의 구체적 기준을 세워두어야 합니다. 기업이라면 윤리 이해관계자들의 이해와 파급효과에 대한 심도 깊은 분석에 따라 의사 결정 기준이 수립되어야 합니다. 이런 이유로 기업에는 전문성이 기반된 예측력이 무엇보다 중요하게 요구되는 역량입니다. 사안의 경중에 따라 어떤 이해관계자에게 어느 정도의 영향을 미칠지 예측하여 윤리적 원칙을 수립하고 방지해내는 시스템을 수립해야 합니다. 그래야 조직원들이 신속하고 명쾌하게 윤리적 의사결정을 내릴 수 있어요. 당연히 조직 내 효율성을 높이는 효과를 가져오게 되죠.

그리고 이때 필요한 역량이 앞서 언급한 공감 능력과 시뮬레이션 능력입니다. 이런 과정을 통해 수립된 윤리 원칙은 핵심 가치 등으로 공표되고 행동강령 등으로 명문화되어 실천되어야 합니다. 조직의 최고의사결정권자부터 말단 직원까지 모두 동일한 원칙을 인지하고, 문화 전반에서 실천되어야 합니다. 그 출발점이 바로 해야 하는 것과 하지 말아야 하는 것, 허용된 것과 금지된 것을 아는 것입니다.

개인과 가정도 마찬가지입니다. 요즘은 대부분 가훈이 없습니다. 그러나 가훈은 기업의 핵심 가치와 비슷한 것입니다. 가족이 윤리적 딜레마에 마주했을 때 어떤 선택을 할 것이냐의 기준이 되어줍니다. 가훈을 정하는 방법도 기업과 크게 다르지 않아요. 우리 가정의 윤리 이해관계자를 분류해보고, 의사 결정이 미칠 파급효과를 고려하여 핵심적인 가정 내 윤리 원칙을 정하는 것입니다. 모든 가족이 자발적으로 원칙을 인지하고 실천하도록 자주 대화하는 것이죠. 이처럼 가정에서 윤리 원칙을 세우는 것도 가족구성원으로서 해야 하는 것과 하지 말아야 하는 것, 허용된 것과 금지된 것을 아는 것에서 출발합니다. 설령 알아가는 과정이 고되더라도 말입니다.

먹고 싶은 것만 먹으면 영양 불균형이 초래됩니다. 건강한 육체를 위해서는 영양소를 고루 섭취해야 합니다. 설령 내 입에 맛이 없더라도 말이죠. 건강한 윤리성을 위해서도 마찬가지입니다. 보고 싶은 것만 보고 하고 싶은 것만 해서는 안 됩니다. 다양한 곳을 보고, 다양한 경험을 쌓고, 다양한 생각을 하여 균형 잡힌 가치를 받아들여야 합니다. 그래야 합리적인 의사 결정을 할 수 있고, 윤리적으로 만족감 높은 삶을 살 수 있습니다.

그리고 윤리적 딜레마에서 결정을 내려야 할 때 한 가지 팁이 있는데요, 우리는 고전적으로 A를 선택할까, B를 선택할까 고민을 하죠? 마치 햄릿의 '죽느냐 사느냐'처럼 말입니다. 그런데요, 선택지는 이분법적으로 A, B만 존재하는 것이 아닙니다. C도 있을 수 있고, D도 있을 수 있어요. 이 개방적 사고가 윤리적 딜레마를 현명하게 극복하는 핵심입니다. A를 선택하면 B에게는 불이익이 갈 것이라고 생각할지 모르지만, 그 누구에게도 불이익을 주지 않고 심지어 모두에게 도움이 되는 해결점이 분명 존재합니다. 그 방법을 어떻게 찾을 수 있냐구요? 힌트를 드리자면 '윤리'를 통해 찾을 수 있고, 실제로 지금 다양한 문제해결의 대안으로 실행 중에 있습니다. 책의 후반부에서 자세히 설명하겠습니다.

눈에 그려지듯이 구체적으로

윤리 경영 혹은 도덕적 실천이라는 말이 생소하다기보다는 어렵다고 느껴질 수 있습니다. 윤리와 도덕은 추상적이고 관념적인 데 반해 경영과 실천은 전문적이고 실행의 성격이 강한 이질성 때문입니다. 그러니 어렵게 느껴지는 것도 당연합니다. 윤리적 가치관과 실천 의지는 안전한 우리의 삶과 지속가능한 공동체를 위해 필수적이라는 것을 우리는 잘 알고 있습니다. 그렇다면 조금 더 쉽게 접근해볼까요?

추상적인 윤리적 개념을 실행하는 데 가장 필요한 것은 다름 아닌 구체성입니다. 눈에 그려지듯 구체적이지 않으면 정작 의사 결정을 해야 할 그 순간에 신속하고 올바른 판단을 내릴 수 없습니다. 이른바 좋은 말 대잔치로 끝나버리죠. 이처럼 허무하고 비효율적인 것이 또 있을까요? 기껏 시간 들여 윤리 이해관계자를 분석하고 파급효과를 예측했는데, 정작 의사 결정에 영향을 미치지 못한다니 생각만 해도 답답할 노릇입니다.

구체적인 세부 항목을 정해두지 않는다면 윤리적 핵심 가치는 실행되기 힘듭니다. 아니, 불가능합니다. 세부 항목은 구체적일수록, 현실적일수록, 스토리텔링화되어 있을수록 실천 확률이 높아집니다. 세부 항목을 설정할 때는 특정인들의 경험에 의존하기보다는 현장 실무자들의 경험을 다양하게 많이 수집하는 것이 도움이 됩니다.

반복하건대 추상적인 것은 실천을 이끌어내지 못합니다. 그러나 구체적인 것은 실천을 이끌어냅니다. 가령 학생들에게 "열심히 청소해!"라고 주문했다고 가정해보세요. 학생들은 어떤 행동을 보일까요? 천차만별일 것입니다. 누구는 열심히 쓸기만 하고, 누구는 정리 정돈만 하고, 누구는 책상을 옮겨서 닦고, 누구는 책상을 옮기지 않고 보이는 곳만 닦을 것입니다. '열심히'라는 개념에 대한 이해도가 저마다 다르기 때문이죠. 그러므로 추상적인 개념으로는 우리가 기대하는 올바른 선택을 유도할 수 없습니다.

그럼 주문을 이렇게 바꿔보죠. "A는 책상을 옮겨서 쓸고, B는 책장의 책을 이름 순서대로 정리하고, C는 A랑 같이 책상을 옮기고, A가 바닥을 다 쓸면 닦아. 시간이 걸리더라도 교실을 깨끗하게 청소해 줘." 각자에게 구체적으로 할 일을 정해주는 것입니다. 게다가 대충 빨리 끝내는 것이 아니라 시간이 걸리더라도 깨끗하게 청소하는 것이 목표라는 것을 명확하게 알려줍니다. 그러면 시간과 청결의 딜레마에 맞닥뜨렸을 때 청결이라는 올바른 선택을 유도할 수 있게 되겠죠?

구체성은 비단 윤리적 딜레마 상황뿐 아니라 관념을 실천으로 옮길 때도 필요합니다. 추상적인 개념이 눈에 그려지듯이 구체적으로 시각화될 때 원하는 결과를 기대할 수 있습니다. 구체성의 힘, 여러 번 강조해도 지나침이 없습니다.

사소함을 경계하기

나쁜 선택을 하는 4가지 이유 1 : 관행

　우리는 어릴 때부터 '착하게 살아라', '거짓말하지 말아라' 등의 윤리적인 원칙들을 배우면서 성장했습니다. 그럼에도 불구하고 우리는 선택의 순간에 나쁜 선택을 종종, 아니 자주 합니다. 왜 그런 것일까요? 다양한 이유가 있지만 대표적으로 관행, 무지, 무시, 외압, 네 가지로 구분할 수 있습니다.

　그중 가장 발생 빈도가 높고 개선하기 힘든 것이 관행입니다. 관행은 단순히 다른 사람도 하니까 나도 한다는 의미가 아닙니다.

작년에도 나쁜 선택을 해왔었고, 10년 전에도 나쁜 선택을 지속적으로 해왔음을 의미합니다. 나만 나쁜 선택을 한 것이 아니라 내 주변의 다른 사람들도 나쁜 선택을 해왔음을 의미합니다. 그래서 이런 나쁜 선택이 조직의 문화로 뿌리 깊게 자리 잡았음을 의미합니다. 이런 조직의 특징은 특정 이슈 또는 일상 전반에서 윤리적 민감성이 낮기 때문에 윤리적 이슈를 무비판적으로 수용하며, 윤리적 이슈를 제기하는 사람들을 '투덜이' 혹은 '문제아'로 치부해버립니다.

비윤리적인 상황이 오히려 자연스럽고, 심리적으로 안정감을 주기 때문에 잘못을 인지하지 못하게 되죠. 설령 인지하더라도 개선이 어려울 수밖에 없습니다. 이처럼 오랜 시간 많은 사람들에 의해 암묵적으로 합의된 행위가 보편적 문화로 자리 잡은 것이 관행입니다. 집단 이기주의나 집단적 비윤리 행위들은 문화적 관행이 작용한 결과로 나타납니다.

몇 해 전 공기업 K사의 신입사원 최종 합격자 518명 전원이 청탁 대상자였다는 사실이 밝혀졌습니다. 눈으로 보고도 믿을 수 없는 이 상황은 엄연한 현실이었습니다. 경쟁률은 10 : 1이었지만 순수 지원자 5,200명은 그저 들러리에 지나지 않았죠. 심지어 청탁 대상자는 625명이었으니 그중에서도 경쟁을 한 셈입니다. 120여 명의 청탁자는 스님, 형사, 교감, 언론인, 국회의원, 공무원, 노조관계자 등 사회 전 분야를 망라했습니다.[10] 어떻게 이런 일이 가능할 수 있었을까요? 안쓰러운 형편을 보고 측은지심에, 평소 친분이 두터운 지인의 부탁으로, 과거 도움을 받은 사람의 부탁을 거절하지 못해서였을지도 모릅니다.

잘못된 것을 알면서도, 피해자가 생길 것을 알면서도 100퍼센트 청탁으로 신입사원을 선발한 이유는 '다들 이렇게 하니까', '기회가 있는데 안 하는 것은 손해이니까'라는 생각이 작용했기 때문입니다. 여기에서 관행의 단적인 면모를 볼 수 있습니다. 수사를 통해 전원이 입사 취소가 되었고 청탁 공직자들에 대한 재판이 진행 중입니다. 그러나 '단순히 개인의 일탈 행동이었을까?'라는 의문이 들었습니다. 개인적 일탈이 아닌 관행이었다면 훨씬 심각한 문제라고 봐야 합니다. 관행은 일종의 문화이기 때문에 단칼에 잘라내지 못하니까요. 잡초처럼 잘라내도 어느새 또 자라납니다. 강력한 동기와 제도적 뒷받침 없이는 잘못된 관행을 제거하기가 불가능합니다.

뿐만 아니라 관행의 위험성은 집단적 행동에 기인하므로 죄책감과 책임감에 대한 부담이 현저히 줄어든다는 데 있습니다. "나만 그런 게 아닌데, 왜 나한테만 그래?" "남들처럼 숨길 수 있었는데 운이 나빠서 걸린 거야." "다들 그러는데 왜 이리 예민하게 굴어?"

---

10. 한겨레신문, 2017.10.16. "강원랜드 최종합격자 518명 모두 청탁 대상자였다"

이러한 윤리적 불감증에 걸릴 수 있습니다. 잘못된 행동을 하고도 "원래 그래 왔다"며 뻔뻔한 변명을 하는 것입니다. 다시 한 번 강조하지만 관행이라고 해서 비윤리적 행위가 정당화될 수는 없습니다.

나쁜 선택을 하는 4가지 이유 2 : 무지

원칙을 지키지 않는 두 번째 이유는 무지입니다. 몰라서 실수했다는 것이죠. 다시 말하면 비윤리적 행위에 개인적 의도가 없었다는 것입니다. 회식 자리에서 이성의 부하직원에게 술을 좀 따르라고 했습니다. 직원이 싫다는 표정을 짓지 않는 것을 보고 안심합니다. 그리고 술을 마시다 팀워크를 위해 러브샷을 제안했습니다. 역시나 직원은 싫다는 표정을 짓지 않습니다. 이것은 성희롱에 해당할까요? 네, 이는 명백한 성희롱입니다. 억울하다고 할 수 있습니다. 성희롱을 할 의도는 전혀 없었고, 부하직원도 싫다는 내색을 하지 않았다는 이유로 말이에요. 그가 싫은 내색을 했더라면 안 했을 것이고, 예전에는 회식 때 으레 그랬다는 말도 잊지 않습니다. 그러나 본인의 의도와 상관없이 이것은 명백한 성희롱입니다.

성희롱은 남녀 사이의 성(性)이슈가 아닙니다. 권력을 가진 자와 갖지 못한 자 사이의 힘(力)이슈입니다. 힘의 불균형으로 피해자는 처음부터 싫다는 말을 하기 어려운 상황인 것이죠. 성희롱을 할 의도가 있고 없음은 중요하지 않습니다. 그 행위가 성희롱인지 몰랐다는 사실도 중요하지 않아요. 중요한 것은 성희롱에 의해 누군가는 피해를 당했다는 사실입니다. 성희롱인지 몰랐다고 해서 성희롱 사실이 없어지거나 피해가 줄어들지 않습니다.

이것은 마치 교통사고와도 같습니다. 당신이 우회전을 하는데, 무언가에 부딪치는 느낌이 들어서 밖을 보니 사각지대에 사람이 다쳐서 누워 있습니다. 당신은 그 사람이 거기에 있는 것을 몰랐습니다. 당신은 그 사람을 칠 의도도 없었고, 그가 거기에 있었다는 사실도 모르고 있었어요. 그렇다고 당신이 가해자가 아닌 걸까요? "아니, 왜 거기 있었어요? 당신이 거기 있는지 몰랐어요. 당신을 다치게 할 의도는 더더욱 없었고요. 그러니 저는 아무 잘못이 없어요"라고 말할 수 있을까요? 우리의 의도 여부와 무관하게 그 결과에 대해 우리는 책임을 질 수 있어야 합니다. 그러므로 민감하게 살펴야 하는 것입니다. 의도하지 않은 가해자가 되지 않기 위해서 말입니다.

나쁜 선택을 하는 4가지 이유 3 : 무시

나쁜 선택을 하는 세 번째 이유는 무시입니다. 알고도 모른 척하는 것이죠. 나쁜 선택을 함으로써 얻는 이득이 더 많다고 생각하기 때문에 '이번 한 번만' 혹은 '약속은 깨라고 있는 거야'라는 자기합리화를 한다고 볼 수 있습니다. 무시가 무서운 이유는 원칙을 알고 있으면서도 의지적으로 어겼기 때문입니다. '무지'의 해결 방안은 '앎'입니다. 그러나 '무시'의 해결 방안은 가치관의 변화입니다.

이런 경우에는 통제와 감시가 필요합니다. 당연히 개선하기가 훨씬 힘들죠. 자발성이 발현되지 못하면 언제든 관성적으로 다시 나쁜 선택을 하던 예전 상태로 돌아가기 마련입니다.

적극적인 무시뿐 아니라, 다른 누군가의 비윤리에 눈감는 행위도 무시에 포함됩니다. 방관자가 되는 것 말입니다. 비윤리적인 행위로 누군가 피해를 입고 있는 상황을 보고도 눈을 감고 귀를 막는 것입니다. '그게 무슨 대수인가. 나만 안 하면 됐지. 다른 사람 일까지 신경 써야 해?' 이렇게 생각할 수도 있죠. 그러나 비윤리적인 행동에 눈을 감으면 그 비윤리적 행동이 사회 전반에 관행으로 자리 잡게 됩니다. 다시 한 번 강조하지만 다음 피해자는 당신과 당신의 가족이 될 수 있습니다. 그러므로 소리쳐 말하지는 못하더라도 최소한 눈을 감지는 말아야 하는 것입니다.

나쁜 선택을 하는 4가지 이유 4 : 외압

원칙을 지키지 않는 네 번째 이유는 외압입니다. 비윤리적 행위를 인지하고 무시하지도 않지만, 나에게 영향력을 미치는 누군가가 시켰기 때문에 나쁜 선택을 하는 것이죠. 주로 비윤리적인 리더나 부도덕한 부모 하에서 나타나는 현상입니다. 불법적이고 비윤리적인 지시를 받으면 내적 갈등을 겪게 됩니다. 그러나 현실적으로 거부하기란 쉽지 않죠. 물론 내부 고발 등의 기회가 있지만 그 또한 쉬운 선택은 아닙니다.

한 조직의 조직원으로서 부당 지시 혹은 외압은 거부하기 힘든 것이 사실입니다. 인사권에 영향을 미치는 이유 때문이죠. 그러나 부당 지시를 실행으로 옮기기 전 반드시 기억할 점은 1차 책임자는 다름 아닌 실행자라는 사실입니다. 실행자는 처벌에서 벗어날 수 없습니다. 그러므로 부당 지시나 외압을 받을 때 스스로 윤리적 필터를 가동하여 선별할 수 있어야 합니다. 무지한 아이히만이 되지 않는 유일한 방법은 내 안의 윤리 필터를 정상 가동시키는 것임을 잊어선 안 됩니다.

사소함에서 비롯되는 윤리적 해이

한 번쯤은 들어보았을 깨진 유리창 법칙은 1969년 스탠퍼드 대학교 심리학과 교수였던 필립 짐바르도Philip Zimbardo의 실험을 기초로 만들어진 이론입니다. 그는 유리창이 깨진 자동차를 브롱크스 거리에 방치해두고 사람들의 행동을 관찰했습니다. 사람들은 유리창이 깨진 자동차의 부품을 훔쳐가는 것에 그치지 않고 심하게 훼손하기까지 했죠. 단지 유리창이 깨진 자동차를 세워두었을 뿐인데, 기물 파손과 도난이라는 큰 범죄로 이어졌습니다. 이처럼 사소한 무질서가 큰 사회적 문제로 번질 수 있습니다. 사람들의 윤리적 해이도 사소한 행동에서 비롯된다는 것을 실험을 통해 확인할 수 있었습니다.

1994년 뉴욕 시장에 당선된 루돌프 줄리아니Rudolf Giuliani는 이

실험에 영감을 받아 뉴욕의 강력범죄를 줄이기 위해 경범죄에 손을 대기 시작합니다. 강력범죄를 줄이기 위해 경범죄를 단속한 것이죠. 줄리아니 시장은 지하철의 낙서를 지우고 쓰레기 무단투기범을 끝까지 찾아 무관용의 원칙zero tolerance으로 처벌합니다. 아주 사소한 부정행위도 반드시 잡는다는 것을 보여주었습니다. 그러자 놀라운 결과가 나타났습니다. 낙서를 지운 지 90일 만에 강력범죄가 줄어들기 시작하더니 3년 뒤에는 무려 80퍼센트가 줄어들었던 것입니다. 어떻게 이런 결과가 나타났을까요? 뉴욕 시민들은 이렇게 생각했을 것입니다. '사소한 것도 집요하게 잡아내고 처벌하는데 중범죄는 오죽할까? 조심해야겠다.'

윤리적 해이는 대단한 일에서 비롯되지 않습니다. 일상의 사소한 부분에서 비윤리적 행위가 반복되면 윤리적 민감성이 낮아집니다. 쓰레기를 버려야 하는데 길거리에 휴지통이 없다고 생각해보세요. 그런데 마침 건물 한 귀퉁이에 누군가 버린 쓰레기가 한 줌 있다면 그곳이 휴지통이 아닌 것을 알면서도 쓰레기를 버리게 되는 것과 마찬가지 현상인 거죠.

반면 일상에서 사소한 윤리적 변화가 일어나면 비윤리적 행위에 대한 심리적 부담이 커지게 됩니다. 이번에는 휴지통이 없어서 그냥 길거리에 쓰레기를 버렸다고 생각해보세요. 그런데 뒤따라오던 어떤 사람이 내가 버린 쓰레기를 조용히 주워서 당신에게 다가와 "다음부터 길거리에 쓰레기를 버리지 마세요"라고 말했습니다.

이런 경우에는 또다시 쓰레기를 길거리에 함부로 버리기가 쉽지 않을 것입니다.

비윤리적 행위의 결과는 치명적일지라도 그 시발점은 매우 사소합니다. 그러므로 우리는 아주 사소한 것에 집중해야 합니다. 거창하게 이 사회를 정의롭게 바꾸겠다고 마음먹지 않아도 됩니다. '이 세상이 어찌되려고 이러나' 막막하게 생각하지 않아도 됩니다. 다만 지금 나의 일상에서 조금만 윤리적인 작은 변화를 시도하면 됩니다. 그것만으로 충분합니다.

너무나 사소하고 너무나 인간적인 비윤리

2017년 방영된 〈비밀의 숲 1〉은 비리에 맞서는 검사들의 이야기를 다룬 드라마입니다. 핵심 인물인 이창준 검사장은 무척 입체적인 인물이었는데요, 그가 과거를 회상하는 장면이 참 인상 깊었습니다.

"모든 시작은 밥 한 끼다"로 시작하는 그의 독백은 "인사는 안면이 되고 인맥이 된다. 내가 낮을 때 인맥은 힘이지만 어느 순간 약점이 되고, 더 올라서면 치부다. 첫발에서 빼야 한다. 첫 시작에서. 마지막에서 빼려면 대가를 치러야 한다"로 마무리됩니다. 사소한 밥 한 끼가 결국 무시무시한 대가를 치러야 하는 결과를 초래할 수 있다는 것입니다.

심리학에는 '사회적 보상이론'이라는 개념이 있습니다. 사회적 관계에서는 각자의 이익을 위해 상호교환이 이루어진다는 개념이에요. 물론 모든 관계가 전략적으로 형성된다는 의미는 아닙니다. 다만 하나를 받으면 다시 돌려줘야 한다는 일종의 의무감이 관계 내에서 형성되고, 이런 의무감은 윤리적 딜레마 상황에서 나쁜 선택을 이끄는 주요한 원인으로 작용될 수 있습니다.

예를 들어 예전에 밥 잘 사주던 선배가 회사 내부정보를 부탁한다고 생각해보세요. 대단한 정보는 아니어서 당장 어떤 부정적인 영향을 미치지는 않을 것 같습니다. 예전 관계도 있고 해서 거절하기가 쉽지 않은데, 어떻게 해야 할까요? 인간적으로 딱 잘라 거절하기가 힘듭니다. 그러나 윤리규정에 위배되는 행위인 것은 분명합니다. 그리고 그 행위에 대한 책임은 실행자인 당신의 몫이고요. 그럼 어떤 선택을 해야 할까요?

이처럼 비윤리는 너무나 사소하고 인간적이며 심지어 일상적입니다. 그래서 부지불식간에 휩싸여버리기도 합니다. 2015년 3월 중국의 전국인민대표회의에서 시진핑 주석도 "모든 부패 문제는 처음에는 종종 규범을 잃고 규율을 따르지 않는 데서 시작된다. 몇 번의 식사, 몇 잔의 술, 몇 장의 기프트 카드가 온수주청와溫水煮青蛙를 만든다"며 사소함의 위험성을 경고했습니다. 온수주청와란 천천히 뜨거워지는 물속의 개구리가 온도 변화를 감지하지 못하고 현재의 편안함에 익숙해지면 결국 죽음을 피할 수 없다는 뜻입니다. 일상에서 사소한 비윤리적 행위를 경계해야 하는 이유인 것이죠.

원칙에 대한 느슨한 태도가 일상의 우연을 만나면 사고로 이어질 수 있습니다. 흔히 안전불감증이라고 하죠? 안전사고는 일어날 수 있지만 나에게 일어나지는 않을 거라는 근거 없는 확신을 가진 나머지 주의를 기울이지 않는 것입니다. 그러다 보면 예측하지 못한 사고로 이어질 수 있습니다. 세월호 사건도 원칙에 대한 느슨한 태도에서 기인했음을 기억해야 합니다. 적어도 원칙을 지키고자 했다면 사고를 방지하거나 피해를 최소한으로 줄일 수 있었을 것입니다.

우리는 다음 세대에게 안전한 현재와 미래를 물려주어야 할 의무를 가지고 있습니다. 그러니 지금의 안일함이 내일의 위기를 초래할 수도 있다는 긴장과 합리적 자기 견제가 지속가능한 내일을 만든다는 것을 기억합시다.

이건 우리
모두의 문제야

나만 아니면 돼!

한 예능 프로그램에서 시작된 유행어가 있습니다. 복불복 게임으로 식사나 잠자리 등을 결정하는데, 내가 안락하기 위해 누군가는 반드시 불편해야 하는 상황이었죠. 남의 불행은 곧 나의 행복을 의미했던 것입니다. 그러면서 "나만 아니면 돼!"라고 외치는 모습을 보고 시청자들은 즐거워했습니다. 물론 "개그는 개그일 뿐 오해하지 말자"는 유행어도 있습니다. 그런데 현실에서 나만 아니면 된다는 생각이 만연하면 어떨까요? 누군가의 불행을 기뻐하지는 않더라도 나만 피해를 안 입으면 된다고 안도하면서 말입니다. 그러면 정말 안도하며 살아갈 수 있을까요?

퇴근길에 저 앞에서 낯선 사람이 달려오더니 내 옆의 누군가에게 칼을 휘두릅니다. 도와줘야 한다는 생각이 들긴 하지만 내가 당하지 않았다는 것에 안도감이 듭니다. 섣불리 개입했다가는 나도 해를 입을 수 있다는 생각에 그냥 지나쳐 갑니다. 피해자가 안 됐기는 하지만 내 안전이 우선입니다. 안일함이 비겁함을 이겨내죠. 그리고 다른 누군가가 신고하거나 도움을 줄 것이라고 생각합니다.

이런 현상을 '방관자 효과' 혹은 '제노비스 신드롬'이라고 합니다. 1964년 캐서린 제노비스라는 여성이 오전 3시쯤 귀가하던 길에 자신의 집 근처인 뉴욕 퀸스 지역에서 괴한을 만나 끔찍하게 살해당합니다. 그녀의 비명 소리에 38명의 이웃은 불을 켜고 이 광경을 목격했는데, 안타깝게도 그녀를 도와주기 위해 내려오거나 신고를 한 사람은 아무도 없었습니다. 35분이나 계속된 살해 과정에서 말입니다. 이 사건을 통해 주위에 사람들이 많으면 책임감이 분산되어 곤경에 처한 사람을 아무도 도와주지 않는 현상을 방관자 효과라고 부르게 되었습니다. 나중에 밝혀진 사실은 38명이 아니라 6명이 목격했고 그중 2명은 신고했다고 합니다. 그러나 4명은 여전히 방관자였죠.

'나 아니어도 누군가는 하겠지' 혹은 '나는 이 사건에 대해 잘 모르니 개입하지 않는 것이 좋을 거야'라는 자기합리화의 방어기

재가 가동한 결과입니다. 그러나 안타깝게도 나만 아니면 된다는 소극적인 생각은 사회의 안전과 건전성을 훼손시켜버립니다. '나만 아니면 돼'라는 생각은 결국 나를 도와줄 사람이 아무도 없는 사회를 만들어버리죠. 그 누구도 남의 일에 개입하지 않을 테니까요. 스스로를 지키기 위해서 온갖 무장을 해야 하는 사회가 될지도 모릅니다.

나약한 '내'가 또 다른 나약한 '당신'과 연대해야 하는 이유가 여기에 있습니다. 우리 모두는 상대적인 사회적 약자들입니다. 그러나 다행스럽게도 혼자서는 스스로를 지켜낼 수 없지만 함께하면 서로를 지켜낼 수 있습니다. 마치 산기슭의 나무들이 홍수와 산사태를 견뎌내기 위해 뿌리와 뿌리가 얽혀 서로에게 기대고 지지하는 것과 같이 말입니다. 이런 이유로 우리에게 필요한 것은 방관자가 아니라 파수꾼의 시선입니다. 그런데 파수꾼이 되기 위해서는 반드시 필요한 것이 있습니다. 지금 우리 주변에 일어나는 현상들이 '특정한' 사람들에 의한 그들만의 '특정한' 일이 아니라 '우리 모두의 일'이라고 생각하는 사고의 전환입니다.

몇 해 전 전세계에서 일어난 미투me too 운동에 많은 사람들의 이목이 집중되었죠. 우리나라도 예외는 아니었습니다. 각계각층의 피해자들이 과거 자신이 겪은 성적 폭력을 소리 내어 말하기 시작했습니다. 용기 있는 미투는 가해자를 처벌하기도 했고, 처벌하지 못하기도 했습니다. 피해자들은 가해자들을 모두 처벌하지 못한다는 것을 알면서도 소리 내어 말하는 것을 주저하지 않았습니다. "피해를 당한 게 자랑도 아닌데, 왜 굳이 밝히는 거지? 부끄럽지도 않나?"라는 주위의 만류가 있었을지도 모릅니다.

다양한 사회적 사건들 중에서도 성폭력 사건은 독특한 특징을 가지고 있습니다. 바로 피해자에게도 잘못이 있다는 사회적 인식입니다. '그 시간에 돌아다니니까', '그런 옷을 입고 다니니까', '평소에 행실이 안 좋았으니까"라며 마치 성폭력의 빌미를 제공한 듯이 말합니다. 평소 문제가 많은 나쁜 가해자와 평소 문제가 많은 피해자 사이에서 일어난 '특정한' 문제라는 인식이 있는 것입니다. 이런 인식은 그러한 사건에서 나 자신을 배제시키는 결과를 초래합니다. 이 메커니즘이 우리를 방관자로 몰고 가는 주된 동력이 되는 것입니다.

성폭력과 같은 사회적 사건과 현상은 '특정한' 가해자와 '특정한' 피해자만의 '특정한' 문제가 아닙니다. 공동체를 살아가는 우리에게 언제든지 일어날 수 있는 우리 모두의 문제입니다. 사회 시스템이 올바르게 작동하지 않았기 때문이고, 우리가 파수꾼이 아닌 방관자가 되었기 때문이며, 문제의식의 부재 때문이라는 것을 함께 공유해야 합니다. '나만 아니면 된다'는 생각은 우리의 생존과 행복을 위협한다는 사실을 깨달아야 합니다.

'알고 보니' 오류와 '원래 그래' 오류

학창 시절 까칠했던 친구가 있었습니다. 부드럽게 말해도 될 것을 지나치게 날선 표현을 하는 친구의 의중이 궁금해서 물어봤더니, 생각지도 못한 답변이 돌아왔습니다. "처음에 까칠하게 대하면 나중에 조금만 잘해줘도 사람들이 좋아하거든. 난 첫인상이 까칠한 게 더 편해." 친구의 대답을 풀어보자면, 친절에 대한 기대치를 의도적으로 낮추면 나중에 보통 수준의 친절만을 베풀어도 체감 친절도가 높아진다는 일종의 관계 전략이었던 셈이죠.

한 선배는 친구의 전략을 '알고 보니 오류'라고 명쾌하게 설명해주었습니다. 까칠한 줄 알았던 친구가 어느 날 의외로 친절한 모습을 보이면 사람들은 "알고 보니 착하더라. 한번 마음을 열면 세상 진국이야"라고 착각한다는 것이죠. 알고 보니 오류는 평가절상의 효과라고 볼 수 있습니다. 한 번의 반전 행동이 이전의 부정적인 행동을 흐리게 하는 효과이죠.

이와 반대의 결과도 있습니다. 늘 친절하던 사람이 어느 날 한 번 화를 내면 "알고 보니 착한 게 아니었어. 그동안 착한 척한 거였어"라고 평가절하한다는 것입니다. 항상 친절한 사람은 심리 상태를 의심해봐야 합니다. 내가 피해를 입는 상황에서도 친절하다면 심리 상태가 건강하지 못한 것입니다. 그러니 누군가 한 번 화를 냈다고 해서 그 사람의 인격을 단적으로 평가하는 것은 미성숙한 자세입니다.

이와 비슷한 현상 중에는 '원래 그래 오류'도 있습니다. 늘 나쁜 짓을 도맡아 하는 친구가 있다고 가정해보세요. 어느 날 누군가의 지갑이 없어지고, 범인이 바로 그 친구라고 밝혀집니다. 사람들의 반응은 아마 이럴 것입니다. "그럴 줄 알았어. 걔는 원래 그래." 그런데 그 친구가 반성의 기미도 없고, 훔친 돈은 이미 다 써버렸으니 맘대로 하라고 버팁니다. 그럴 때 사람들은 뭐라고 할까요? 아마도 "어쩔 수 없지. 걔는 원래 그러니까"라고 말할 것입니다. 그런데 여기에는 심각한 오류가 숨어 있습니다. "원래 그래"라는 말 한마디에 사건의 심각성이 휘발되어 버리는 것이죠. 동시에 피해자의 고통도 휘발되어 버립니다. 때에 따라서는 피해자에게 이해를 요구하기도 합니다. "걔는 원래 그러니까 네가 이해해"라고 말이죠. '원래 그런' 친구는 참으로 편리하게도 그 한마디 뒤에 자신의 잘못을 숨겨버립니다. 그 한마디로 너무나 쉽게 이해받으면서 죄책감은 점점 둔화되죠. 스스로도 나는 '원래 그래도 되는' 사람이라고 생각해버립니다.

원래 그렇다는 프레임은 사고의 심각성을 가리고, 죄책감을 무디게 하며, 망설임을 줄여줍니다. 원래 그렇다는 프레임 뒤에 숨어버리면 죄가 가볍게 느껴지죠. 물론 법정에서의 형량은 객관적이겠지만, 사회적 죄의식은 휘발됩니다. 자신의 잘못을 변명할 때도 비슷합니다. "제가 원래 좀 그렇잖아요. 이해해주세요." 제3자는 원래 그런 사람을 쉽게 이해할지 모릅니다. 그러나 피해자의 입장은 다릅니다. 원래 그런 사람이니 이해하고, 피해를 복구할 여력이 없는 사람이니 참아달라는 것을 쉽게 받아들일 수 있을까요? 저라면 받아들이기 어려울 것 같아요.

음주운전으로 몇 번이나 적발된 유명인을 보고도 많은 사람들이 "또? 그럴 줄 알았어. 원래 그런 사람이잖아"라고 말합니다. 부도덕한 행동을 일삼으며 입방아에 오르는 정치인을 보고도 사람들은 "또? 그럴 줄 알았어. 정치하는 사람들은 원래 다 그렇잖아"라고 말합니다. 그들에게 '원래 그렇다'는 프레임을 만들어주는 셈입니다. 쉽게 숨을 수 있는 공간이 있다면 재발을 막기 어렵습니다.

그러니 원래 그렇다고 단정하지 말고 재발 방지를 촉구하는 데 집중할 필요가 있습니다. 늘 같은 잘못을 저지르는 사람들이 있다면, 근본적 원인이 무엇인지 관심을 갖고 책임질 것을 요구해야 합니다. 영향력 있는 사람이 비윤리적인 행위를 반복한다면 피해 사태를 직면하도록 촉구하고 책임감 있는 후속 조치를 요구하는 것이 현명합니다.

기억하세요. 세상에 원래 그래도 되는 사람은 단 한 명도 없습니다. 저도 당신도 그리고 원래 그렇다는 소리를 듣는 그도 말입니다.

나쁜 놈들이 이기기 쉬운 진짜 이유

어릴 때 만화영화를 보면 늘 나쁜 놈과 착한 놈의 대결 구도가 등장합니다. 처음에는 나쁜 놈이 이기는 듯하지만 영화가 끝날 무렵에는 정의로운 착한 놈이 이기고 평화가 실현됩니다. 권선징악의 결론이죠. 그러나 현실은 반드시 권선징악으로 끝나지 않습니다. 나쁜 놈이 더 쉽게 이기는 경우도 종종 눈에 띕니다. 왜일까요? 그 이유를 역사학자 전우용 교수는 이렇게 밝힙니다.

"'무슨 짓을 해서라도 이기면 된다'는 철학이 지배하는 사회에선, 언제나 '나쁜 놈'이 이깁니다. '나쁜 놈'일수록 할 수 있는 일이 많기 때문입니다."[11]

세상에는 경제적 가치로 환산되어서는 안 되는 것들이 존재합니다. 마찬가지로 이기기 위해 해서는 안 되는 행동 또한 존재합니다. 이기기 위해 무슨 일이든 할 수 있다는 인식은 위험한 발상입니다. 특히 스스로를 '나쁜 놈'이라고 규정한 사람은 오로지 이기는 것에만 가치를 둡니다. 과정의 가치는 전혀 생각하지 않습니다. 과정의 비윤리성을 고려하지 않는다면 성공을 위해 선택할 수 있는 방법이 많아지죠. 비록 과정이 비윤리적이라 해도 이기면 다 보상이 된다고 믿기 때문입니다.

그에 반해 윤리적 의식을 가진 사람은 결과뿐 아니라 과정도 중요하게 여깁니다. 과정이 윤리적이지 않으면 결과적으로 윤리적일 확률도 줄어듭니다. 이기는 것도 중요하지만, 과정의 윤리성도 중요한 선택의 기준이 됩니다. 따라서 자기검열 시스템의 가동으로

---

11. 역사학자 전우용 2016년 5월 8일 트위터

성공을 위한 선택 방법이 제한되죠. 그러니 전우용 교수의 주장처럼 '나쁜 놈'이 이길 확률이 늘 높을 수밖에 없습니다.

문제는 비윤리적인 방법으로 이기고자 한다면 성취 과정에서 많은 피해를 양산할 수 있다는 것입니다. 가해자의 의도와는 별개로 말이죠. 윤리 이해관계자인 SPICE에게 어떤 영향을 미칠지도 고려하지 않습니다. 그들에 대한 공감 또한 무시하고, 성공에만 집착합니다.

그러나 그들이 잊고 있는 것이 있습니다. 성취 자체로도 의미 있지만 지속성이 더 중요하다는 사실말이죠. 백일천하百日天下(1815년, 나폴레옹 보나파르트가 엘바 섬에서 빠져나와 파리에 도착한 1815년 3월 20일부터 루이 18세가 복위된 7월 8일까지의 기간과 그동안의 사건을 말한다.)의 나폴레옹처럼 성공했다는 경험만 갖고, 실패한 현실에 안주해서는 안 됩니다. 성취는 혼자 힘으로도 해낼 수 있습니다. 그러나 성취를 지속하려면 조력자가 필요합니다. 자신에게 피해주는 사람에게 조력할 사람은 거의 없습니다. 도움을 주는 사람이 된다면 한 번의 성취를 넘어서서 지속적인 행복을 얻을 수 있습니다.

책임지세요, 우리는 기억할게요

인사청문회가 열리면 다양한 이유로 유명해지는 국회의원들이 있습니다. 그중 다양한 개그 소재로도 사용된 "사퇴하세요!"를 종종 외치던 국회의원이 있었습니다. 인사 검증에서 자격이 없다고 판단될 때 "사퇴하세요!"라고 소리치곤 했죠. 여기서 사퇴하라는 의미는 무엇일까요? 책임지라는 의미입니다. 그렇다면 다시 이런 의문이 듭니다. 업무를 맡기 전이라면 사퇴하는 것으로 끝나지만, 업무 도중 귀책사유가 있다면 사퇴하는 것으로 책임을 질 수 있을까요? "제가 책임지고 옷을 벗겠습니다"라는 말을 하는데, 사퇴하는 것만으로 온전히 책임을 질 수 있을까요?

2006년 가슴 아픈 사건이 하나 있었습니다. 산모와 유아들을 중심으로 급성폐질환 환자가 급증하는데 병원에서도 질병의 원인을 찾지 못했습니다. 그리고 몇 년이 지난 2011년 다시 동일한 증상이 발생하자 질병관리본부는 역학조사를 하기에 이르렀고, '폐질환의 원인은 가습기 살균제로 추정된다'고 발표했습니다. 현재 (2021년 5월)까지 가습기 살균제 피해자로 접수된 인원은 7,419명에 달하며, 사망자는 1,653명입니다.[12] 피해자 수가 우리의 예상을 훌쩍 뛰어넘습니다. 문제가 된 ○사의 가습기 살균제가 처음 출시된 시점이 1994년임을 감안한다면, 발 빠른 조치만 있었어도 피해자를 줄일 수 있었을 것이라는 안타까운 생각이 뇌리에서 떠나지 않습니다.

그렇다면 1,653명의 목숨을 앗아간 가습기 살균제 사건에 대해 가해자는 피해자가 만족할 만한 책임을 졌을까요? 그 책임은 누가

---

12. 머니에스, 2021.05.05. "가습기 살균제 참사 10년… 기업은 무죄 또 무죄"

져야 하는 것일까요? 관련 기업의 몇몇 사람들은 지금도 재판 중이거나 형을 확정받았습니다. 그러나 가습기 살균제 피해자들은 아직도 끝나지 않았다고 말합니다. 아마도 기업이 책임을 지는 태도와 보상이 만족스럽지 않기 때문일 것입니다. 책임을 진다는 것이 말처럼 쉬운 것은 아닙니다.

책임은 크게 두 가지 측면에서 평가할 수 있습니다.

첫 번째는 정서적 보상으로 피해자에게 사과하는 것입니다. 사과한다는 것은 우선적으로 잘못을 인정한다는 것을 전제합니다. 그 쉬운 '죄송합니다' 한마디를 왜 못 할까 싶지만 한 조직과 단체의 리더라면 여러 가지 파급효과 때문에 어려울 수도 있다고 생각합니다. 그러나 정서적 책임을 다하지 못하면 문제 해결을 위한 다음 단계로 나아갈 수 없습니다.

그리고 하나 더 기억할 것이 있습니다. 사과의 품질은 하는 사람이 아니라 받는 사람이 결정한다는 것입니다. 분명 상대가 잘못했다고 사과했는데 기분이 썩 좋지 않았던 경험이 한 번쯤은 있을 거예요. 이유를 생각해보면 말로는 미안하다고 하는데, 마음은 전혀 그렇게 느껴지지 않았기 때문일 겁니다. 어쩔 수 없이 억지로 미안하다고 말하는 태도, '전혀 미안하지 않은데, 미안하다고 하라니까 일단은 그렇게 말할게'라는 말투, '사과받고 떨어져' 하는 식의 성의 없는 태도에서 느낄 수 있죠. 우리는 말뿐 아니라 태도, 자세, 억양, 눈빛 등의 비언어적인 요소에서도 미안해하는 마음이 느껴질 때 진정성 있다고 표현합니다. 이와 같이 상대가 충분히 느낄 수 있도록 진정성 있는 사과를 해야 정서적 측면의 책임을 다한 것으로 볼 수 있습니다.

2019년 8월 27일 가습기 살균제 청문회에서 기업을 대표하는 사람이 피해자들에게 사과를 했습니다. 그런데 놀랍게도 그 사과가 처음이었다고 합니다. 더구나 사고가 일어날 당시의 회장은 참석하지 않았습니다. 과연 피해자들이 그 사과에서 진정성을 느꼈을지는 한번 생각해봐야 합니다.

두 번째는 실제적 보상입니다. 정서적 책임을 다했다면 실제로 경제적 보상을 해야 합니다. 설령 고의성이 없었다 하더라도 말입니다. 보상 정도는 피해자의 입장에서 고려해야 하는 것이 당연합니다. 그러나 반드시 기억하세요. 정서적 보상이 우선되지 않은 경제적 보상은 사태를 더욱 심각하게 만든다는 점을 말입니다. 무슨 일이 있어도 정서적 보상이 먼저입니다.

우리는 가끔 헷갈립니다. 그럴 의도는 전혀 없었는데 어쩌다 보니 일이 잘못되었을 때 과연 책임 추궁을 할 수 있느냐를 말입니다. 결론적으로 말하면 그렇다 하더라도 책임이 있습니다. 책임져야 할 문제가 생겼을 때는 결과 중심으로 해결해나가려는 노력이 필요합니다. 물론 과정과 의도가 비윤리적이었다면 그 또한 당연히 책임을 져야겠죠. 그러나 우리는 결과보다 지나치게 의도와 과정에 집중하는 경향이 있습니다. 의도가 없었다 하더라도 피해자가 발생했다면 명백한 가해자임을 자각하고 책임지는 것이 성숙한 태도입니다.

의도에 따라 책임을 피하려 한다면 피해자는 있는데 가해자는 없는 상황이 발생합니다. 때에 따라서는 종범은 있는데 주범이 없는 경우도 발생하죠. 일상과 업무에서 내가 우연한 가해자가 되지 않기 위해서라도 파급력을 예측하는 습관이 자리 잡아야 합니다. 이런 습관이 우연한 사고에서 우리의 일상을 보호해줄 것입니다.

사회적 참사를 비롯한 크고 작은 사고로부터 우리가 자유로워질 수 있는 방법이 무엇인지 아시나요? 바로 그 사고를 잊지 않는 것입니다. 또한 남의 일이라고 무관심하게 지나치지 않는 것이에요. 동일한 사회 환경에서 비슷한 현상은 반복되기 때문입니다. 아무리 큰 사건도 시간이 지나면 사람들은 점점 잊어버립니다. 비윤리적인 가해자가 가장 원하는 것도 사람들의 머릿속에서 잊히는 것이에요. 그러니 비윤리적 행위를 한 가해자에게 우리는 이렇게 말하면 됩니다.

"책임지세요. 우리는 기억할 겁니다!"

일상에서 윤리 쌓기

윤리에 대한 근자감?

근자감이란 '근거 없는 자신감'을 줄인 신조어입니다. 내세울 것 하나 없는 사람이 자신감 있는 모습을 보일 때 "근자감은 어디서 나오지?"라고 말합니다. 그런데 놀랍게도 내세울 것 하나 없더라도 자기신뢰가 높은 사람은 성공 확률이 높다고 합니다. 미국 스탠퍼드 대학교 심리학과 앨버트 반듀라Albert Bandura 교수는 이것을 자기효능감self-efficacy이라고 명명했습니다.

자기효능감이란 자신이 어떤 일을 성공적으로 수행할 수 있는 능력이 있다고 믿는 기대와 신념을 의미합니다. 자신의 능력에 대해 스스로 평가하는 것이죠.[13] 자기효능감은 결국 자신에 대한 관찰과 지지, 그리고 환경에 영향을 받을 수 있습니다. 심지어 자기효능감이 높은 학생은 학업 성취도도 높다고 합니다. 이 개념을 윤리적 측면으로 확장해보겠습니다.

지금 이 글을 읽는 당신도 '그래, 윤리가 중요한 것은 알겠는데 우리 일상과 사회에 무슨 관계가 있다는 거야?'라고 생각할지 모르겠습니다. 세상에는 노력하면 즉각적으로 변화가 촉발되는 영역이 있는가 하면, 오랜 시간 느끼지 못할 정도로 변화가 더딘 영역도 있습니다. 문화와 연관된 영역이 바로 후자에 속합니다. 그만큼 사회 전반에 미치는 영향이 막대한 영역이기도 하죠. 윤리적 측면도 변화가 매우 더딘 대표적인 영역입니다. 그러나 윤리성은 문화뿐 아니라 경제적 측면과도 매우 밀접한 관련성이 있습니다.

자, 이 퀴즈를 한번 맞혀보세요. 이 점수가 1점 높아지면 1인당 GDP가 연평균 0.02포인트 상승합니다. 반면 이 점수가 낮아질수록 투자는 줄어들고 큰 재난이 일어날 확률은 높아집니다. 현재(2020년) 대한민국의 점수는 100점 만점에 61점으로 180개국 가운데 33위입니다. 이 점수는 무엇일까요?

바로 부패인식지수CPI, Corruption Perceptions Index입니다. 대한민

---

13. 네이버 국어사전, "자기효능감"

국은 2017년 51위, 2018년 45위, 2019년 39위 그리고 2020년 33위를 차지했습니다. 특히 2019년에는 10년만에 다시 30위권으로 진입하였고, 2020년에는 33위로 껑충 뛰어올랐습니다. 괄목할 만한 성과이지요. 그러나 OECD 국가 37개국 중에서는 23위로 여전히 만족할 만한 수준에는 못 미치고 있습니다. 그런데 왜 청렴도가 국가의 경제지표에 영향을 미칠까요? 이유는 간단합니다. 청렴하다고 인식될수록 투자와 교류의 안정성이 보장되고 이는 고용과 소비에 직접적 영향을 주기 때문이죠. 이런 현상이 비단 국가만의 문제일까요?

지인 중에 거짓말을 일삼고, 빌려간 돈은 독촉하지 않으면 갚지 않는 사람이 있다고 가정해봅시다. 그 사람이 어느 날 사업을 하겠다고 투자를 권한다면 선뜻 투자할 수 있을까요? 본인의 가게에 와서 제품을 사달라고 한다면 흔쾌히 구매할 수 있을까요? '투자금을 회수하지 못하는 것은 아닐까? 혹시 불량품은 아닐까? 혹시라도 잘못되면 보상도 못 받는 거 아닐까?' 이런 걱정이 들 수밖에 없어요. 그동안 그가 보인 태도로 신뢰도가 낮아진 당연한 결과죠. 이와 같은 간단한 사례에서도 알 수 있듯이 개인의 윤리성은 반드시 우리의 일상에, 특히 경제적 환경과 사회적 환경에 지대한 영향을 끼친다는 사실을 염두에 두어야 합니다.

저는 이런 현상을 윤리적 효능감이라고 표현합니다. 윤리적 행동이 관계와 경제에 영향을 미친다는 믿음이나 감각이라고 정의할 수 있습니다. 나의 윤리적 판단과 행동이 사회, 경제적 환경의 건전성에 영향을 미치고 있다는 신념을 가지면 우리는 쉽게 비윤리적인 행위를 하지 못합니다. 자신의 행동에 따른 영향력을 알고 있기 때문이죠. 의사 결정의 파급력이 크다고 인지할수록 더욱 촘촘한 자기검열 과정을 거치게 됩니다. '나 하나쯤이야'라고 생각하지 않고, '나부터 먼저'라는 생각의 스위치를 켜게 만드는 것이 바로 윤리적 효능감입니다.

자신의 행동에 대한 영향력은 자신의 존재감으로 인식될 것이고, 윤리적 주체는 보다 효율적으로 실천하려고 노력할 것입니다. 이런 윤리적 선순환이야말로 사회의 건전성을 회복하고, 경제의 유연성을 높이는 핵심입니다. 그렇다면 어떻게 윤리적 효능감을 높일 수 있는지 구체적인 방법을 알아볼게요.

윤리적 효능감 높이는 4가지 방법 1 : 원칙 알기

앞에서 좋은 어른이 되기 위한 첫 번째 단계가 '앎'이라고 했던 것 기억하시죠? 앎은 생각과 판단 그리고 행동의 출발점이 되어줍니다. 뭘 알아야 궁금한 것도 생기고, 판단도 하고, 비판도 할 수 있으니까요. 그러니 우리는 아는 것에서 출발해야 합니다. 적어도 윤리성이 무엇인지, 누구에게 어떻게 영향을 미치는지를 알고자 노력해야 합니다. 뿐만 아니라 나의 행동이 어떻게 나 자신에게까지 영향을 미치는지, 잘못된 선택을 했을 때 어떤 후속 조치가 필요한

지 등에 대해 알아야 합니다. '앎'에는 내가 속한 공동체의 윤리적 가치관과 윤리 이해관계자에 대한 정보와 예측력도 포함됩니다.

공공선의 보편적 윤리 가치는 어느 시대, 어느 지역이든 크게 다르지 않습니다. 그러나 사회문화적인 영향에 따라 구체적으로 실천하는 방법은 저마다 다릅니다. 예전에는 허용되었던 행동이 지금은 문제가 되는 것도 사회적 인식과 문화가 달라졌기 때문입니다. 그와 마찬가지로 동일한 시점에서도 A지역에서는 통용되는 행동이 B지역에서는 악으로 작용할 수도 있습니다. 그러므로 '좋은 말 대잔치'인 추상적 윤리성이 아니라 실천 방법의 기준을 구체적으로 제시하는 윤리성이 존재해야 올바로 실현할 수 있습니다.

윤리적 앎은 꾸준한 관심과 노력으로 얻어지는 결과물이지 나이만 먹는다고 거저 얻어지는 것이 아닙니다. 좋은 어른이 되는 것도 마찬가지입니다. 부끄럽지 않은, 머릿속이 아름다운 어른이 되기 위해서도 이와 같은 노력이 필요합니다.

윤리적 효능감 높이는 4가지 방법 2 : 사소한 성공 경험 쌓기

윤리적 효능감은 결국 나의 윤리적 행동이 사회를 바꾼다는 자기신뢰에서 비롯됩니다. 나에게 실질적인 능력이 있다고 스스로 인지하는 것이죠. 그것을 인지할 수 있는 가장 효과적인 방법은 직접적인 성공 경험을 쌓는 것입니다. 윤리성의 성공 경험이라고 하면 막막하게 느껴지진 않으신가요? 그러나 생각보다 쉽고 아주 간단합니다. 원칙은 바로 세 가지입니다.

> 하나, 내 주변에서 시작할 것
>
> 둘, 아주 사소한 것에서 시작할 것
>
> 셋, 지금 바로 시작할 것

일단 노트를 펴고 지금 당장 실천할 수 있는 사소하지만 좋은 일을 하나씩 적어보세요. 예를 들어 횡단보도로 건너기, 쓰레기는 꼭 휴지통에 버리기, 강아지 산책시킬 때 목줄 매기, 주차할 곳이 없더라도 장애인 구역에는 주차하지 않기, 오늘 하루는 아무에게 피해를 주지 않는 거짓말이라도 하지 않기, 분리수거하기 등등 말이죠. 뉴욕시가 강력범죄를 줄이기 위해 벽의 낙서를 지우고 경범죄를 무관용 원칙으로 강력하게 대응했던 사례들을 기억해보세요. 뉴욕시는 낙서를 지운 지 3년 만에 강력범죄가 80퍼센트 줄어드는 효과를 거뒀습니다. 이것은 감시자가 나의 범죄의 크고 작음에 상관없이 끝까지 처벌한다는 불편한 마음이 자기검열로 작용한 결과입니다. 윤리성도 이와 마찬가지입니다. 내 안의 감시 체계가 크고 작음에 상관없이 비윤리적 행위를 끝까지 점검하고 있다는 믿음을 만들어내는 프로세스입니다.

내 안의 윤리가 효능을 발휘하기 위해서는 '윤리는 반드시 삶을 변화시킨다. 나는 윤리적으로 생각하고 실천할 수 있다'는 강한 동기부여가 필요합니다. 그리고 사소하지만 구체적인 실천이 강한 동기부여가 될 수 있습니다.

윤리적 효능감 높이는 4가지 방법 3 : 실패와 성공의 간접경험 쌓기

영화 〈밀정〉에는 독립운동을 이끄는 정채산이라는 인물이 등장합니다. 일제강점기 후반부로 갈수록 일본 탄압의 강도가 높아지죠. 도피와 실패가 반복되면서 무기력함을 느끼고 포기하는 독립운동가들이 속출합니다. 이때 정채산은 이렇게 말합니다.

"실패하더라도 앞으로 나아가야 합니다. 그 실패가 쌓여, 그 실패를 딛고, 더 높은 곳으로 나아가야 합니다."

윤리적인 실천이 늘 성공할 수는 없을 것입니다. 의도를 떠나 특정한 상황에 따른 이해관계가 각기 다르니까요. 이럴 때 대처하는 두 가지 방법이 있습니다.

우선 정채산의 말처럼 실패를 딛고 올라가는 것입니다. 왜 실패했는지 원인을 생각해보는 거죠. 대단한 분석을 해야 하는 것은 아닙니다. 단지 실패한 사실을 외면하지 말고 있는 그대로 직면하면 됩니다. 이때 필요한 태도는 다름 아닌 성찰입니다. 성찰을 통해 느끼게 되는 주된 감정은 '부끄러움'입니다. 실패한 결과에 대한 부끄러움이며, 실패의 원인에 대한 부끄러움이죠.

부끄러움을 느끼고 싶어 하는 사람은 없습니다. 따라서 성찰의 순간도 기피하고 싶어하죠. 그러나 성찰은 성숙한 인간이 갖춰야 하는 필수불가결한 역량입니다. 부끄러움을 느껴야 정의로운 실천을 할 수 있기 때문이죠. 부끄러움을 외면한다고 해서 비판을 피하지는 못합니다. 스스로 부끄러움을 먼저 발견하고 대처하는 것이 오히려 당면한 문제에 대한 적극적인 해결방법입니다. 자기성찰을 할 때 비로소 존재의 가치를 인지할 수 있고, 바르게 행동할 수 있는 용기를 얻을 수 있으니 이런 측면에서 성찰은 가치 창조의 시발점이라 할 수 있습니다.

다음은 직접 경험을 할 수 없는 경우입니다. 이때는 다른 누군가의 성공과 실패에 대한 간접적인 경험을 하는 것입니다. 간접경험에는 책이나 영상으로 기록된 자료를 수집하고 학습하는 방법이 있습니다. 수집한 정보를 자신이 실패한 상황과 비교하면서 어떻게 성공했는지를 알아보는 것도 큰 도움이 됩니다. 이 과정을 통해 나의 상황에 대입해보면서 향후 어떻게 대처해야 하는지 디자인해 볼 수 있습니다.

간접경험에서 중요한 점은 단 하나입니다. 그 속에 숨은 가치를 찾아내는 것이죠. 그래야 나의 것으로 만들어내 삶에 반영할 수 있습니다. 그리고 숨은 가치를 찾아내는 방법은 흥미롭게도 역시 성찰입니다. 매일 바쁘게 살아가다 보면 삶의 의미를 잊어버리기 쉽습니다. 관성적으로 바쁜 일상에 중독된 채 살아갈 뿐이죠. 그런 일상에서는 다른 내일을 기대하기 어렵습니다. 이때 잠깐 멈춰서 지금 내가 올바로 가고 있는지 성찰하는 시간이 반드시 필요합니다.

목표를 다시 인지하고, 구체적 과정이 옳은지도 점검해보는 겁니다. 이러한 성찰의 시간이 없다면 어느 순간 대가를 치러야 하는 상황이 올 수도 있습니다.

윤리적 효능감 높이는 4가지 방법 4 : 표현하기

윤리적 효능감을 높이는 마지막 방법은 표현하는 것입니다. 무엇을 표현해야 할까요? 스스로에 대한 격려와 칭찬을 표현하는 겁니다. 이는 지속가능을 약속하는 동기부여이기도 합니다. 다중적 이해관계 속에서 살아가는 우리는 다른 사람에게 격려와 칭찬을 받기 쉽지 않아요. 거의 불가능할 수도 있습니다. 대부분의 사람들은 타인에게 관심을 기울이기엔 너무 바쁜 일상을 살고 있으니까요. 그러므로 스스로를 격려하고 칭찬하는 습관을 가져보세요. 거울을 보고 "OO아, 잘하고 있어"라고 말하는 것도 좋은 방법이지만은 그보다는 좀 더 구체적인 방법으로 격려해보세요.

다이어트할 때 효과적인 방법은 목표를 달성했을 때 스스로에게 보상하는 것입니다. 예를 들어 일주일에 1킬로그램 감량이라는 목표를 정해두고, 달성했을 때 옷이나 화장품 등 원하는 것을 스스로에게 사주는 것입니다. 타인의 보상이 아닌 내적 보상은 자기효능감을 높이는 더없이 좋은 방법입니다. 그러므로 지속적으로 실행할 동기가 부여되는 구조이죠.

윤리적 효능감을 높이는 방법도 이와 같습니다. 앞에서 사소한 윤리적 목표를 작성했을 것입니다. 이 사소한 목표들을 달성할 때마다 자신에게 보상을 하는 겁니다. 대단한 보상이 아닌 다이어리에 예쁜 스티커 하나 붙여주기, 체크리스트에 완료 표시하기 등 아주 사소한 보상만으로도 충분합니다. 그리고 마지막에 쑥스럽지만 한 줄을 남기는 겁니다. "10가지 사소한 윤리적 목표를 성취한 나, 더 좋은 사람이 되어가고 있는 중"이라고 말이죠. 이런 기록들은 당신의 삶에 일종의 아너코드honor code로 작용합니다.

아너코드란 구성원들이 단체의 명예를 위해 반드시 지켜야 할 준칙으로, 도덕성과 윤리성에 기반한 약속을 말합니다. 예를 들어 "○○기업인으로 나는 고객의 안전을 가장 중요하게 여길 것입니다" 또는 "나 ○○○는 이 시험에서 부정행위를 하지 않겠습니다"라고 서약하는 선언문 같은 것입니다. 댄 에리얼리 교수는 그의 저서 《거짓말하는 착한 사람들》에서 MIT와 예일대학교 학생들을 대상으로 부정행위를 하지 않겠다는 아너코드 서명 후 시험을 치르는 실험을 하였습니다. 결과는 어떠했을까요? 놀랍게도 단 한 건의 부정행위도 발생하지 않았습니다. 이처럼 아너코드는 내적인 윤리적 각성장치로써 양심이 활발히 기능하도록 만드는 역할을 수행합니다. 모든 행위를 법과 규칙으로 제약할 수 없는 맹점을 개인의 양심에 기반한 자발적 동기로 보완하는 장치라고 볼 수 있습니다.

앞서 언급한 열쇠공의 이야기처럼 저를 포함한 대부분의 평범한 사람들은 여건만 허락한다면 언제든지 부정행위를 저지를 수 있는 조건부 선인善人에 속합니다. 완전한 인간은 없습니다. 모두 경제적·사회적 이익을 위해 자신에게 유리한 선택을 하며 살아갑니다. 그럼에도 불구하고 상생할 수밖에 없는 우리에게는 최소한의 규제 장치들이 필요합니다. 아너코드는 비교적 자발적인 내적 규제 장치라고 할 수 있습니다.

그렇다면 자발적 아너코드를 어떻게 실현할 수 있을까요? 이 또한 매우 간단합니다. 지금 다이어리나 노트북을 열어서 매일 보는 곳에 이렇게 적어두는 겁니다. "나는 늘 옳은 선택을 한다" 혹은 "나는 내 삶을 조금씩 정의롭게 바꾸고 있다"라고 말입니다. 저의 노트에는 이렇게 적혀 있습니다.

"나는 매일 더 좋은 어른이 되고 있다."

지금 이 글을 읽고 있는 여러분에게도 제안하고 싶습니다. 자신만의 아너코드를 만들어서 일상의 귀퉁이에 적어두세요. 좋은 생각이 여러분의 일상을 지배할 것입니다. 그러면 곧 삶이 놀라울 정도로 빛나는 경험을 할 수 있을 것입니다.

chapter 3

좋은 어른 되기 수업

Ethics Class

미성숙한 아이들의 일탈
_학교폭력

우리가 배우지 못한 것

너무 씁쓸한 현실이지만 사회 안에는 늘 폭력이 존재해왔습니다. 언어폭력, 성폭력, 가정폭력, 직장 내 폭력 등 다양한 이름이 이런 현실을 반증합니다. 더 놀라운 것은 사회구성원들이 대부분 빈번한 폭력에 대응하는 방법을 배우지 못했다는 것입니다. 사회의 최소 단위인 가정에서부터 학교, 직장 등 어느 조직에서도 국어, 수학을 배우듯 폭력에 대응하는 구체적인 방법을 배우지 못했습니다.

국어, 수학보다 훨씬 더 모호한 윤리적 대응 방법을 배우지 못했다는 것은 대다수의 국민이 불확실성을 안고 살아간다는 것을 의미합니다. 자신의 윤리성에 대한 판단뿐 아니라 타인의 윤리성에 대한 판단의 불확실성까지 내포하므로 건전한 사회에 대한 모호함과 불안을 떨치지 못하고 살아가는 셈인 거죠. 폭력이 일상에서 반복되는 결정적 이유가 바로 이 모호성에 있습니다. 댄 애리얼리가 언급한 98퍼센트의 조건부 선인은 이 사회에 잠재하는 98퍼센트의 악인을 의미하기도 합니다. 따라서 사회에는 구체적인 윤리적 지침이 있어야 하며, 모든 구성원이 이를 명확히 인지하고 있어야 합니다.

당신은 왕따에 대응하는 방법을 알고 있나요? 왕따는 비단 학교에만 국한된 현상이 아닙니다. 회사에도 왕따는 존재합니다. "시집살이도 당해본 며느리가 시킨다"는 속담이 있듯이 학습되고 대물림되는 폭력의 특성 때문이죠. 그리고 무수히 많은 편견이 폭력의 기폭제 역할을 담당합니다. 윤리성은 해야 하는 것과 하지 말아야 하는 것, 허용된 것과 금지된 것을 '아는 것'에서 시작해야 한다는 기본 전제를 떠올리면서 학교폭력에 대응하는 방법을 알아볼게요.

가해자, 피해자 그리고 방관자

학교폭력에 연루된 사람은 누구일까요? 가해자와 피해자가 떠오르시죠? 그런데 보이지 않는 또 하나의 존재가 있습니다. 바로 제3자인 방관자입니다. 제노비스 신드롬에서 언급한 방관자 효과가 학교폭력에도 존재합니다. 학교폭력에는 가해자 A와 피해자 B, 그리고 망을 보거나 폭력 현장을 목격하고도 무시하는 제3자 C가 있습니다.

학교폭력은 여러 형태로 존재합니다. 크게 신체적 폭력, 언어적 폭력, 정서적 폭력으로 구분할 수 있습니다. 폭행이나 물품 갈취 등이 대표적인 신체적 폭력에 속하며, 직접적으로 협박을 하거나 전화 또는 문자로 위협적인 말을 하는 행위가 언어적 폭력에 해당합니다. 최근에는 사이버상의 언어폭력도 함께 증가하는 추세입니다. 마지막으로 정서적 폭력은 따돌리거나 유언비어를 퍼트리면서 지속적으로 괴롭히는 형태로 학년이 올라갈수록 증가하는 경향을 보입니다.

그렇다면 학교폭력의 현장에서 가해자는 누구인가요? 당연히 폭력을 행사한 A입니다. 그런데 정말 A만 가해자일까요? 학교폭력이 자행되는 현장에는 그것을 조력하는 환경이 있습니다. 그래서 학교폭력 현장을 더욱 면밀히 들여다볼 필요가 있습니다.

가해자들을 인터뷰해보면 이런 반응들을 심심치 않게 접할 수 있습니다. "내가 때린 건 잘못이지만, 그 애(피해자 B)도 맞을 짓을 했어요." 혹은 "내가 왕따를 시킨 건 사실이지만, 그 애(피해자 B)가 너무 답답하게 굴어서 짜증 나서 그랬어요." 내가 잘못을 하긴 했지만, 피해자 B도 가해의 빌미를 제공했다는 겁니다. 그 애가 맞을 짓을 해서 나는 때릴 수밖에 없었다는 논리이죠. 전형적인 가해자 중심의 사고방식입니다.

몇 해 전 쉼터의 청소년들을 집단 상담한 적이 있었습니다. 전날 있었던 일을 함께 공유하는 것으로 상담을 시작했죠. 하루는 한 아이의 얼굴에 멍이 있는 것을 발견하고 무슨 일이 있었냐고 물었습니다. 옆의 친구가 대신 대답하기를 남자친구가 때렸다는 겁니다. 가정폭력을 피해 쉼터로 온 아이가 남자친구에게 폭력을 당했다고 하니 가슴이 꽉 막히는 듯했습니다. 이유를 물어보니 그 아이는 "제가 맞을 짓을 했어요. 노래방에서 거짓말을 했거든요"라고 답했습니다. 거짓말을 하거나 누군가에게 실수를 한 사람은 맞아도 되는 건가요? 단언하건대 어떠한 이유든 폭력이 정당화될 수 없습니다. 이 세상에 맞아도 되는 사람은 단 한 사람도 없습니다.

가해자들은 본능적으로 자신의 죄책감을 피해자에게 전가하려고 합니다. 자신의 가해 행위에 당위성을 부여하는 것이죠. 이 논리는 놀랍게도 피해자와 제3자 모두에게 영향을 미칩니다. 이 논리에서 피해자가 일종의 가해자가 되며, 이런 이유로 피해 사실을 침묵하게 됩니다. 폭력은 침묵을 먹고 자란다는 말이 있듯, 폭력은 침묵하면 강화되고 지속되는 현상이 초래됩니다. 침묵은 아무것도 개선시키지 못해요. 오히려 악화시키죠. 피해자가 침묵해서는 안 되는 이유가 바로 이것입니다.

　더욱 큰 문제는 제3자의 침묵이 암묵적 동의의 의미로 소통된다는 사실입니다. 이런 측면에서 침묵은 폭력을 용인하는 것이나 마찬가지입니다. 직접적으로 폭력에 가담하지 않더라도 말이죠. 미성숙한 아이들 집단에서 폭력을 보고도 침묵하면 가해자는 그것이 용인된다고 받아들입니다. 방관하는 친구들이 이 순간 가해자로 돌변하는 것이죠. 피해자는 심리적으로 아무도 자신을 도와주지 못할 것이라는 절망감과 무력감을 느낄 수밖에 없습니다. 이 슬픈 현실은 어른들의 세상에도 고스란히 적용됩니다. 주변의 폭력에 눈감고 침묵하는 행위는 중립적 입장에 서는 것이 아닙니다. 이것은 51퍼센트 폭력에 동의한다는 의미입니다. 침묵은 폭력의 정당성에 힘을 실어주는 결과를 가져옵니다. 그리고 피해자에게는 폭력의 끝이 없을 것이라는 절망감을, 방관자들에게는 자신도 피해자가 되었을 때 아무도 도와주지 않을 것이라는 불안감을 동시에 시사하게 됩니다.

방관자에서 파수꾼으로

　제3자는 다시 세 가지 유형으로 나눌 수 있습니다. 가해 조력자, 가해 강화자, 방관자입니다. 가해 조력자는 폭력을 직접적으로 가하지는 않았지만 가해자를 직간접적으로 지지하거나 폭력의 정당성을 인정하는 존재입니다. 가해 강화자는 망을 보는 등의 보다 적극적 방법으로 폭력을 도운 존재입니다. 마지막 방관자는 아무것도 보지 못했다고 주장하거나 보았더라도 어느 편도 아니라며 중립적 입장을 취합니다. 실제 폭력을 행사하지 않은 가해 강화자와 조력자는 가해자일까요? 물론이죠. 그들은 가해자입니다.

가해자를 지지하지도, 그렇다고 피해자를 옹호하지도 않은 방관자는 가해자일까요? 질문을 바꿔보겠습니다. 폭력의 현장에 과연 중립이 존재할 수 있을까요? 앞서 밝힌 바와 같이 폭력의 현장에 중립은 없습니다. 직접적 가해자와 피해자 그리고 간접적 가해자와 피해자를 지지하는 자가 있을 뿐입니다. 강조하지만 방관자는 가해를 묵인하고 인정하는 암묵적 공범입니다.

"또래 괴롭힘 상황에서 어떤 개입도 하지 않는 방관자적 태도는 가해 행동을 암묵적으로 강화하는 기능을 한다."[14]

그렇다면 우리 아이들은 왜 폭력의 현장에서 암묵적 가해자인 방관자가 되는 걸까요? EBS 〈지식채널 e〉 '나는 그곳에 있었다'에서 다음과 같이 설명하고 있습니다. 첫 번째 이유는 나도 따돌림이나 폭력을 당할지 모른다는 불안감 때문입니다. 다수의 폭력자들 앞에서 소수의 피해자 편에 선다면 집단 폭력을 당할 수도 있다는 두려움이 존재한다는 것이죠. 충분히 그럴 수 있습니다. 그래서 이러한 두려움을 해소할 수 있는 제도적 장치가 필요합니다. 학

---

14. EBS 지식채널e, "나는 그곳에 있었다"

교뿐 아니라 사회 전반의 폭력으로부터 보호받을 수 있는 안전망이 필요한 것입니다.

두 번째 이유는 고자질쟁이가 되기 싫다는 것입니다. 이것은 내부 고발에 대한 잘못된 인식에서 비롯됩니다. 우리나라는 사회적 관계를 중요하게 여기는 응집력이 강한 문화를 가지고 있습니다. 농경사회를 기반으로 형성된 공동체의식은 누군가를 고자질하는 것을 곧 관계의 와해 행위로 여겼습니다. 합법적인 상황에서는 고자질이 와해 행위가 될 수도 있습니다. 그러나 불법적이고 폭력적인 행위는 그 행위 자체가 공동체를 훼손시키는 주범입니다. 공동체의 건전성을 유지하기 위해서라도 불의에 대한 고발이 필요합니다. 내부 고발은 가장 고차원의 방어활동입니다. 절대 비겁한 고자질이 아님을 우리 아이들에게 알려줘야 합니다.

마지막 이유는 어떻게 피해자를 도와야 할지 알지 못한다는 것입니다. 성인이라면 스스로의 가치관에 의해 의사 결정을 할 수 있습니다. 그러나 아이들은 아직 가치관이 정립되지 않았습니다. 그렇기에 더더욱 잘못된 행동이 무엇인지를 알아야 합니다. 아직 어려서 몰라서 그런다고 넘어가도 될까요? 그렇지 않습니다. 옳지 않은 것이 무엇인지 확실하게 알아야 건강하게 성장할 수 있습니다. 반면 옳은 행동을 했을 때는 적극적으로 칭찬해주면 옳고 그름에 대한 가치관이 명확하게 정립됩니다. 콜버그의 도덕성 발달 6단계 이론에 따르면 아이들의 이기적인 행동을 제어할 수 있는 방법은 옳고 그름을 알려주어 인지적으로 스스로 옳은 판단을 하도록 이끄는 것이라고 합니다. 이런 맥락에서 학교 폭력의 가해자와 피해자, 그리고 방관자에게 폭력에 대응하는 방법을 알려주는 것은 무엇보다 중요합니다. 늘 윤리적 행동의 출발점은 '앎'에 있습니다.

학교폭력 대응 수칙 1 : 가해자 프로세스

안타깝게도 폭력은 대물림됩니다. 이 말은 폭력이 학습된다는 것을 의미합니다. 실제로 가정폭력의 가해자 중 52.8퍼센트는 과거 가정폭력의 피해자라는 조사결과도 있습니다.[15] 즉, 학교폭력의 가해자는 과거 피해자였거나 현재 피해자일 가능성이 높은 것이죠. 학교폭력 가해자에게 올바른 윤리적 행동 수칙을 가르치는 것은 피해자를 이해하고, 가해 행동이 더 이상 반복되지 않도록 방지하는 적극적인 방법입니다. 또한 가해자 자신이 피해자가 되었을 때 올바로 대처하도록 가르치는 중요한 학습 과정이기도 합니다.

어떠한 이유에서도 폭력은 정당화될 수 없습니다. 가해자는 이 사실을 반드시 알아야 합니다. 피해자가 맞을 짓을 했기 때문이 아니라, 자신이 잘못된 판단으로 폭력을 행사했음을 알도록 해야 합니다. 모든 사람이 동일한 환경에서 자신과 같이 폭력을 쓰지는 않는다는 사실을 알도록 해야 해요. 또한 폭력으로 인한 책임

---

15. 전남일보, 2019.07.25. "10명 중 8명 아동기 폭력학대 경험… 가정폭력 가해자로 대물림"

은 온전히 가해자 몫이라는 것도 알도록 해야겠죠. 그럼 가해자가 책임을 지는 방법을 알아보겠습니다. 가해자는 다음의 프로세스를 따르는 것이 좋습니다.

우선 피해자에게 사과하고 용서를 구합니다. 여기서 중요한 것은 단순히 '사과'만 하면 끝이 아니라는 점입니다. 사과하는 것보다 더 중요한 것은 피해자가 용서를 하는 것인데요, 사과의 진정성을 판단하고 그것을 받아들일지 여부는 피해자가 결정하기 때문입니다. "이 정도 사과했으면 좀 받아줘라"라고 강요해서도 안 됩니다. 이런 가해가 일어나게 된 이유와 반복되지 않기 위한 구체적 다짐이 사과 속에 존재해야 하는 것이죠.

다음 단계는 피해자에게 배상하는 것입니다. 폭력으로 인한 손해를 원래 상태로 되돌리는 것입니다. 이때 배상 수준은 피해자가 수용할 수 있는 정도여야 합니다. 가해자에게는 참으로 껄끄러운 단계가 아닐 수 없습니다. 그러나 가해자는 기억해야 합니다. 가해자도 언젠가 피해자가 될 수 있다는 사실을 말입니다. 왜냐하면 폭력은 상대적 강자가 상대적 약자에게 가하는 비윤리적 행위이기 때문입니다. 지금의 가해자가 얼마든지 상대적 약자인 피해자의 상황에 처해질 수 있습니다.

학교폭력 대응 수칙 2 : 피해자 프로세스
폭력을 경험한 피해자는 심리적으로 위축될 수밖에 없습니다.

폭력의 현장에 다수의 힘이 보태졌다면 그 강도는 더욱 높아졌을 것입니다. 폭력은 침묵할수록 강도가 높아지고, 빈도가 잦아지며 지속됩니다. 그러니 멈춰야 합니다.

피해자의 첫 번째 행동 수칙은 가해자에게 그만두라고 단호하게 요구하는 것입니다. 물론 그만두라고 요구해서 행동을 멈췄다고 해서 가해 사실이 없어지는 것은 아닙니다. 그러나 장난으로 생각했던 친구들에게 경각심을 일깨워줄 수는 있습니다. 악의는 없었다 하더라도 자신의 행동이 잘못되었음을 자각하는 기회를 제공할 수 있는 거죠. 그러나 이런 대처에도 고의적으로 폭력을 멈추지 않는 학생들이 있습니다.

피해자의 두 번째 행동 수칙은 침묵하지 않는 것입니다. 부모님, 친한 친구 혹은 선생님께 알리고 도움을 요청해야 합니다. 이미 가해자들은 물리적 정서적으로 상대할 수 있는 수준을 넘어섰을 테니 혼자 힘으로는 안 돼요. 반드시 도움을 요청해야 합니다. 힘의 균형을 맞춰야 당당히 대응할 수 있으니까요. 그리고 누군가의 도움을 받아 대응하고 있다는 사실을 피해 학생들에게 알려야 합니다. 피해자에게 지지세력이 존재한다는 사실만으로도 가해행동을 제어하는 효과를 기대할 수 있습니다.

세 번째 행동 수칙은 기록하는 것입니다. 대면보다 문자, 이메일, 전화통화로 소통하면서 기록을 남겨두는 것이 좋아요. 가급적이면 가해자들의 행동을 육하원칙(누가, 언제, 어디서, 무엇을, 어떻게, 왜)에 따라 기록해두는 것이 좋습니다. 그리고 그때의 감정도 함께 기록해두세요. 일기처럼 기록하는 것도 나중에 도움이 됩니다.

마지막으로 이런 대처에도 가해 행동이 지속된다면 학교폭력으로 신고해서 학교폭력위원회 소집을 요구하거나 형사 고발 또는 민사소송을 진행합니다. 법적 보호와 같은 사회망을 활용하는 것입니다. 피해 학생의 존엄과 인권은 반드시 보호받아야 하니까요. 피해 학생의 잘못으로 학교폭력을 당한 것이 아니라는 사실도 알려줘야 합니다. 피해자는 절대 숨을 필요가 없습니다. 숨어야 할 사람은 학교폭력 가해자예요. 피해자는 비난의 대상이 아니라 보호의 대상이니까요.

학교폭력 대응 수칙 3 : 제3자 프로세스(친구)

모든 종류의 폭력을 근절하기 위해서 가장 중요한 존재는 누구라고 생각하시나요? 가해자? 피해자? 아닙니다. 모든 폭력을 근절할 가장 큰 힘을 가진 존재, 제3자입니다. 제3자는 앞서 언급한 가해 조력자, 가해 강화자, 방관자만을 의미하지 않습니다. 학교도 제3자에 포함됩니다. 놀라운 사실은 학교 측의 태도에 따라 학교폭력의 양상이 달라진다는 것입니다. 학교폭력을 근절할 수 있는 힘이 바로 제3자들에게 있다고 해도 과언이 아닙니다. 따라서 제3자를 주변 친구와 학교로 구분해서 살펴보겠습니다.

친구들은 피해 학생의 입장에서 현상을 바라봐야 합니다. 피해 학생의 현재 상황과 감정을 공감하는 것에서 출발하는 것이죠. 때에 따라서 제3자의 입장에서 피해자를 공감하기가 쉽지 않을 수도 있습니다. 이때 필요한 것이 그 사람의 입장에서 생각해보는 역지사지입니다. 앞선 공감 능력 높이는 방법 중 시뮬레이션의 소극적 버전이라고 생각할 수 있어요. '내가 지금 왕따를 당한 저 친구라면 기분이 어떨까?'라는 생각에서 시작해보는 겁니다. 이 부분을 잘 이해하셨다면 좀 더 높은 공감 수준으로 옮겨볼까요?

'내가 저 친구라면 지금 뭐가 필요할까?'를 생각해보는 것입니다. 정서적 공감을 행동으로 실천하는 단계이죠. 아마 다른 친구들이 악의적 소문을 퍼뜨리지 않고, 자신을 비난하지 않길 바랄 것입니다. 그리고 자신을 지지해주길 바라겠죠. 이렇게 생각을 확장해가는 것이 피해자 중심의 사고입니다.

친구들이 실천해야 할 두 번째 행동 수칙은 2차 피해의 가능성을 인식하고 방지하는 것입니다. 피해자에 대해 악의적인 소문을 내지 않고, 근거 없는 비난을 하지 않는 것입니다. "얘가 원래 좀 답답하게 굴어서 왕따당할 줄 알았어"라는 식으로 말이죠. 무심코 하는 이런 행위가 2차 가해가 될 수 있습니다. 피해 학생 입장에서는 주변 친구가 일종의 가해자로 전환하는 셈이죠. 이런 2차 가해 때문에 피해 사실을 쉽게 말하지 못하는 것입니다.

친구가 실천해야 할 세 번째 행동 수칙은 학교폭력을 문제아인 특정 가해 학생과 어리숙한 특정 피해 학생의 문제가 아니라 '우리의 문제'라고 인식하는 사고의 전환입니다. 이런 사고의 전환이 왜 중요할까요? 주위의 학생들이 개입할 수 있는 중요한 지점이기 때문입니다. 주변 학생들이 이 폭력을 자신을 포함한 모두의 문제로 인식한다면 폭력현장에 개입하여 중재할 수 있습니다. 실제로 학교폭력의 현장에는 방관하는 학생뿐만 아니라 피해 학생을 지지하거나 가해 행동을 중재하려는 학생들도 분명 존재합니다. 비록 적극적으로 표현하지는 못할지라도 말이죠.

"피해자를 지지하는 존재가 있는 것만으로도 가해 행동의 감소에 기여하게 된다."[16]

피해 학생을 지지하는 사람들이 있다는 것을 가해 학생이 인식하는 것만으로도 폭력 행위가 줄어들 수 있습니다. 한 명보다는 다수의 학생이 가해 학생의 폭력 사실을 알고 있음을 알리는 것이 보다 효과적입니다. 피해 학생 혼자 불의에 맞서기는 힘들지만 주변 학생들과 함께 맞서면 훨씬 쉬워지니까요. 혼자보다 '함께'했을 때 불의에 맞서는 힘이 더욱 강해집니다.

주변 학생들이 피해자 중심으로 생각해야 하는 진짜 이유는 따로 있습니다. 앞서 여러 번 반복한 바와 같이 누구나 피해자가 될 수 있기 때문입니다. 피해 학생을 도울 수 있는 환경을 만들어두는 것은 다름 아닌 자신을 학교폭력에서 지켜내는 유일하고도 확실한

---

16. EBS 지식채널e, "나는 그곳에 있었다"

방법인 셈이죠. 학교폭력은 절대 특정한 아이들만의 문제가 아닙니다. 학교 안에서 누구에게나 일어날 수 있는 우리들의 일입니다. 폭력에 관대한 문화에서는 누구나 언제든지 피해자가 될 수 있습니다. 학교폭력은 우리 모두의 문제라는 것을 인식하고 침묵하거나 눈감지 않는 것, 이것이 바로 학교폭력을 예방하고 줄일 수 있는 방법입니다.

학교폭력 대응 수칙 4 : 제3자 프로세스(학교)

폭력은 우월적 지위에 의해 구체화된 비윤리적 행동이라고 볼 수 있습니다. 폭력을 가하는 사람들은 자신의 말과 행동에 상대가 복종하는 모습을 보고 쾌감을 느낀다고 합니다. 앞서 언급한 도파민의 작용 때문입니다. 천연 마약인 도파민은 점점 높은 강도의 폭력을 통해 쾌감을 불러일으킵니다. 중독되는 것이죠. 이런 이유로 폭력은 쉽사리 근절되지 않고 반복되는 속성을 가지고 있습니다.

그렇다면 학교폭력을 근절하기 위해 무엇이 필요할까요? 바로 물리적 통제입니다. 추상적인 윤리적 규범을 구체화한 제도적인 규제가 필요합니다. 학교의 대응 태도는 법조문이나 법원의 판례처럼 명시화되어 있지는 않지만 학생들의 일상에서 직접적인 의사결정에 영향을 미칩니다. 그러니 학교에는 조직 차원의 일관성 있는 태도와 규칙이 필요합니다.

학교가 실천해야 할 첫 번째 행동 수칙은 피해자 중심의 공감적 사고입니다. 주변 학생의 행동수칙과 동일한 과정이 필요한 것이죠. 단순한 정서적 공감만으로는 부족합니다. 실제 행동으로 이어질 수 있는 적극적 공감이 필요합니다.

두 번째 행동 수칙은 적극적인 개입의 태도로써 가해자와 피해자를 물리적으로 분리하는 것입니다. 가해 학생과 같은 공간에 있는 것만큼 피해 학생에게 괴로운 일도 없을 것입니다. 피해 학생을 적극적으로 보호하려는 실천적 노력을 기울여야 합니다.

세 번째 행동 수칙은 명확한 학교폭력 대응 매뉴얼을 사전에 준비하고 인식하여 실천하는 것입니다. 그렇게 되면 문제가 생겼을 때 우왕좌왕하면서 시간을 허비하지 않습니다. 평상시에는 전문가의 진가가 잘 드러나지 않습니다. 그러나 문제상황에서는 전문가가 절실히 요구되죠. 따라서 전문가가 갖춰야 할 핵심적 역량이 다름 아닌 문제 해결 능력입니다. 학교는 단지 아이들을 잘 가르치기만 하면 되는 곳이 아닙니다. 전인격적인 존재로 성장시키는 곳입니다. 학업뿐 아니라 사회화과정에서 야기될 수 있는 다양한 문제를 해결할 역량이 학교 안에 내재되어 있을 때, 사회는 학교를 진심으로 신뢰할 수 있습니다. 학교는 학교폭력 대응 프로세스를 잘 숙지하고 수행할 수 있어야 합니다.

학교폭력이 발생한 후 후속 조치는 중요하죠. 그러나 더 중요한 것은 재발을 방지할 수 있는 예방적 노력입니다. 그러므로 마지막 네 번째 행동 수칙은 예방을 위한 모니터링 시스템을 구축하는 것입니다. 시스템의 구축이라고 하니 뭔가 대단한 프로그램을 설치하는 것으로 오해할지 모르겠습니다. 쉽게 설명하자면 사후 관리체계를 단계별로 매뉴얼화해두자는 의미입니다. 마치 이번 코로나19 바이러스에 맞서 우리나라 방역시스템이 매뉴얼에 의해 단계별로 진행된 것처럼, 학교 내에 학교폭력이 해결되고 난 뒤 사후 관리단계를 명문화해두자는 의미죠. 학교 내외부의 관심과 행동 규제로 당장은 학교폭력이 근절된 것처럼 보일 수 있습니다. 그러나 중요한 것은 얼마나 지속되느냐 하는 것입니다. 학교는 '가해 학생이 정말 다시는 폭력을 가하지 않을까?'라는 합리적 의심을 갖고 지켜볼 필요가 있습니다. 보여주기식이 아니라 실제로 학생들의 일상이 개선되고 있는지, 피해자가 더 이상 폭력을 당하지 않는지, 폭력이 지속되고 있다면 그 실체와 직접적 원인이 무엇인지를 확인하는 '수고'가 필요합니다.

"학교에서 일어나는 사건 사고가 얼마나 많은데 그걸 하나하나 모니터링하고 있나? 행정 업무만으로도 바쁜데"라고 불만을 터트릴 수도 있을 것입니다. 문화가 바뀌었다고 인지하거나, 감시를 받고 있다고 생각하면 가해행위가 현저히 줄어듭니다.(이 부분은 4장 '사소하게 시작하기'에서 좀 더 심도 있게 다룰 것입니다.) 사후 모니터링 시스템을 구축하고 실행하는 데에는 일정시간이 소요됩니다. 그러나 한번 실행해보면 생각만큼 힘들거나 번거롭지 않아요. 오히려 문화로 빠르게 자리 잡아감으로써 효율적으로 작동할 것입니다.

사후 모니터링 시스템은 학교폭력 담당자가 달라지더라도 일정 품질의 관리결과를 기대할 수 있다는 장점도 있어요. 따라서 학교폭력에 대응하는 공정한 프로세스를 구체적이고 세부적인 행동 지침을 담은 대응 매뉴얼로 정립해 두는 것은 중요합니다. 만약 기존 매뉴얼이 지금의 현실을 반영하지 못한다면 수정하면 됩니다. 효과적이고 기능적인 대응 시스템이 구체적으로 존재할 때 학생들과 학부모들의 신뢰를 받을 수 있습니다.

그뿐만이 아닙니다. 학생보다 더욱 영향을 받는 존재들이 있습니다. 바로 학교가 일터인 선생님들입니다. 그들은 공정한 대응 프로세스를 갖춘 일터에 자긍심을 가집니다. 자신에게 불합리한 일이 생겼을 때에도 학교가 공정하게 대응해 줄 것이라고 믿는 것이죠. 이 신뢰감은 충성심이 되고, 결국 학생들에게 유익한 교육으로 전달되는 선순환 구조가 만들어집니다. 이런 이유로 학교는 반드시 공정한 시스템을 갖춰야 합니다. 물론 이런 환경을 만드는 주체는 학교죠. 학교가 구심점이 되어 선생님과 학생들, 그리고 지역사회에 긍정적 영향을 미치려는 노력이 필요합니다.

학생들이 행복하지 않는다면 건강한 학교라고 할 수 없습니다. 학교가 조직적인 차원에서 공정한 대응 프로세스를 정립하고 공표화하는 것은 학생들과 선생님들뿐 아니라 학교 자체를 위하는 일이기도 합니다. 공교육에 대한 신뢰를 만들어낸다는 대의뿐 아니라 학교를 운영하는 데도 막강한 영향을 미치는 중요한 요소입니다. 학교가 구심점이 되어 선생님과 학생들, 그리고 지역사회에 긍정적인 영향을 미치고자 하는 노력이 필요합니다.

우월한 자들의 폭력
_직장 내 괴롭힘

갑질의 보편화를 경계하라

최근 하루가 멀다 하고 뉴스에 보도되는 단골 주제는 다름 아닌 직장 내 괴롭힘입니다. 갑질의 심각성을 보여준 몇 가지 사례가 있었습니다. 한 IT기업 회장은 전前 직원에게 다른 직원들이 보는 앞에서 폭언은 물론 구타를 행사했습니다. 놀라운 것은 자신의 폭력을 기념으로 소장하기 위해 동영상을 찍으라고 지시했다는 점입니다. 그의 가학적 행동은 이뿐만이 아니었습니다. 워크숍에서 닭을 칼로 직접 죽이라고 강요하는가 하면, 직원들의 머리 색깔을 본인의 취향대로 염색하라고 지시하기도 했죠. 일반적인 상식으로는 이해할 수 없는 행동입니다.

슬프게도 갑질 사례는 이뿐만이 아닙니다. 모 항공사의 오너일 가는 직원들에게 인격 무시 발언과 폭력적 고성을 일상적으로 자행했습니다. 경비원들에게 반려동물의 변을 치우고, 청소를 하고, 조경을 하도록 지시했습니다. 이런 재벌들의 갑질을 볼 때마다 서민들은 분노를 느낍니다. 그런데 여기서 궁금한 점이 하나 있습니다. 과연 재벌과 같은 특정 권력계층만 갑질을 일삼는 것일까요?

한 기업의 젊은 영업사원이 아버지뻘 되는 대리점주에게 욕설을 퍼붓습니다. 이어서 물품을 과도하게 납품 받으라고 강요하죠. 이른바 밀어 넣기 영업입니다. 이를 수용하지 않으면 영업상의 불이익을 주겠다며 협박합니다. 경제적 압박과 비인격적인 대우를 견디지 못한 가맹점주는 결국 자살을 선택하고 말았죠. 몇 해 전 모유제품 기업에서 발생한 가슴 아픈 사건이었습니다. 이 또한 대기업의 갑질로 이해할 수 있지만, 제가 주목한 지점은 조금 다릅니다. 왜 서민인 영업사원이 같은 서민인 대리점주에게 그토록 모진 욕설과 분노를 퍼부었을까요? 이런 현상은 갑질이 단순히 특정 권력계층의 행위만은 아니라는 사실을 보여줍니다.

앞서도 살펴본 바와 같이 갑질의 원인 중 하나는 권력 중독에 있습니다. 영업사원은 대리점주에게 상대적으로 권력을 가진 존재입니다. 그러나 평범한 이웃 같은 그들이 갑질을 하는 원인을 찾으려면 조금 다른 접근이 필요합니다.

직장인들이 직장 내 괴롭힘을 인지하는 비율은 어느 정도 될까요? 직장인의 55.8퍼센트만이 괴롭힘 행위를 알아차린다고 합니다.[17] 다시 말하면 직장 내 괴롭힘이 있다 하더라도 그것을 괴롭힘으로 인지하지 못하는 비율이 무려 44.2퍼센트나 된다는 것입니다. 직장인의 절반가량은 직장 내 괴롭힘을 인식하지 못하고 심지어 당연한 일상으로 여긴다는 겁니다.

괴롭힘에 대한 민감도가 낮은 조직일수록 괴롭힘이 조직 내 관행으로 자리 잡기 쉬워집니다. 문제는 피해자가 권력을 갖게 되면 자연스럽게 가해자로 자리 이동을 한다는 사실입니다. 괴롭힘이 학습되고, 대물림되는 것이죠. 이런 대물림 현상이 갑질의 두 번째 원인입니다. 조직 내 갑질의 피해자는 우월적 지위에 있다고 판단할 때 언제든지 가해자로 태세전환을 하게 됩니다. 결국 평범한 피해자는 자연스럽게 가해자가 되어버리고 이는 나쁜 관행으로 자리 잡게 되는 것이죠. 직장 내 괴롭힘이 반복되는 메커니즘이라고 볼 수 있어요.

세 번째 원인으로는 우월감 콤플렉스를 꼽을 수 있습니다. 심리학자들은 우월감과 열등감은 동전의 양면이라고 말합니다. 열등감을 드러내지 않기 위해 우월감을 표출한다는 것이죠. 끊임없이 타

---

17. KBS 시사기획 창, "직장 내 괴롭힘 보고서"

인에게 인정받고 싶은 욕구가 강압적인 갑질로 표출되는 것입니다. 자신의 가치를 인정받으려는 일종의 방어기제인 셈입니다. 열등감의 이러한 표출은 의도하든 그렇지 않든 상대를 고통 속에 밀어 넣는 결과를 낳습니다.

갑질 이면에는 성과를 중시하고 소통을 등한시하는 조직문화가 있습니다. 부당함에 이견을 제기하지 못하는 수직적 문화, 타인의 갑질에 쉽게 개입할 수 없는 폐쇄적 문화에서는 괴롭힘이 지속될 뿐 아니라 점점 더 강화됩니다. 이와 같은 경직된 조직문화가 갑질의 네 번째 원인입니다. 이런 문화는 오랜 시간 많은 사람들에 의해 축적된 경험의 총합이기 때문에 개선하기가 어렵습니다. 그러나 직장 내에서 일어나는 갑질에는 또 다른 이유가 존재하고 있습니다.

흔한 갑질의 이유

갑질은 과연 누구에게 이점이 있을까요? 갑질을 통해 반사이익을 얻는 사람은 누구일까요? 아니, 수혜를 입는 사람이 있을까요?

갑질은 갑의 위치에 있는 사람이 을의 위치에 있는 사람에게 가하는 정신적 신체적 폭력입니다. 학교폭력과 다름없습니다. 다만 장소가 학교에서 직장으로, 주체가 학생에서 성인으로 바뀌었을 뿐입니다. 학교폭력은 학생들의 미성숙한 자아와 가치관 때문에 발생한다고 생각할 수 있습니다. 그러나 사실 학교폭력은 인간의 이기심과 견제 시스템의 부재, 혹은 오작동 등이 복합되어 발생한다고 보는 것이 타당합니다.

악의 평범성에서 살펴본 바와 같이 평범한 사람들도 누구나 이기심이 앞서면 언제든지 악한 행동을 할 수 있습니다. 그런 선택적 악행은 조직 내 견제 시스템에 의해 조절됩니다. 비윤리적 행동은 이런 관점에서 보면 가해자, 피해자, 제3자 그리고 조직, 그 누구에게도 이점이 없습니다. 물론 장기적인 관점에서 보자면 그렇다는 것입니다. 모든 현상에는 이유가 있게 마련이죠. 경우에 따라 납득할 만한 이유 말입니다. 직장 내 갑질이 일어나는 또 다른 이유를 살펴보기 전에 한 가지 질문을 해보겠습니다.

직장 내 갑질은 의도적인 가해의 빈도가 높을까요? 아니면 의도하지 않은 가해의 빈도가 높을까요?

여기 어떤 회사의 팀장이 있습니다. 그의 팀은 새로운 프로젝트를 수행하기 위해 고강도의 업무를 감당해야 했습니다. 그렇게 한 달간 추가 근무를 해가면서 성공적으로 프로젝트를 마쳤습니다. 팀장은 그런 팀이 자랑스럽고 고맙습니다. 그래서 자신이 팀원일 때 팀장이었던 선배가 그랬던 것처럼 팀원들에게 맛있는 저녁을 사주기로 마음먹습니다. 고생한 팀원들을 위해서 팀장은 이렇게 제안합니다.

"모두 힘든 프로젝트를 수행하느라 고생 많았어. 고생한 여러분들을 위해 오늘 내가 쏜다! 다 끝나고 회사 앞 돼지갈비집으로 와!

내가 먼저 가서 자리 세팅 좀 하고 있을게. 김 대리는 지금 나랑 같이 가서 준비하고, 최 과장은 끝나자마자 팀원들 데리고 바로 오도록!"

팀원들의 환호를 기대하며 말을 마친 팀장은 분위기가 이상하다는 것을 감지합니다. 그때 신입사원 A가 "팀장님, 저는 오늘 약속이 있어서 못 갈 것 같습니다. 죄송합니다"라고 말합니다. 팀장은 이내 기분이 언짢아집니다. 그때 김 대리가 이렇게 말합니다. "팀장님, 아직 업무 시간인데 지금 식당에 가는 것은 좀 아닌 것 같습니다." 일하기 싫어서 일부러 가는 것도 아니고, 순전히 팀원들의 노고를 치하하기 위해 솔선수범하겠다는 것인데 팀장은 어이가 없습니다. 그때 최 과장이 한마디 거듭니다. "팀장님, 저는 너무 피곤해서 오늘은 좀 일찍 들어가서 쉬고 싶습니다."

그래도 팀장은 언짢은 기분을 억누르고 다시 얘기합니다. "어차피 다들 저녁 식사는 할 것 아냐? 잠깐 저녁만 먹고 가지." 결국 팀원들은 회식 자리, 아니 저녁 식사 자리에 참석합니다. 기분이 좋지는 않지만 모두 피곤해서 예민해진 거라고 생각합니다. 술을 한잔 마시면 기분이 풀릴 것이라고 생각하죠. "다들 고생했으니, 딱 한 잔씩만 하자고! 자, 한 잔씩 받아." 그런데도 팀원들의 표정은 여전히 좋지 않습니다. 팀장은 '도대체 요즘 애들은 왜 이러는 거야?'라며 짜증이 나기 시작합니다. 그리고 이렇게 생각하죠. '나 같은 상사가 어딨어. 얘들은 배가 불렀어. 고마운 줄도 모르고……'

팀장의 기분이 어떨까요? 그리고 팀원들의 기분은 어떨까요? 질문을 좀 더 노골적으로 바꿔볼까요? 지금 이 사례는 '직장 내 갑질'이 될 수 있을까요?

결론부터 말하자면 갑질이 될 수 있습니다. '세상에, 이것도 갑질이라고? 나 좋자고 그런 것도 아니고, 팀원들 고생했다고 밥 한 번 사준 건데 갑질이라니?' 황당한 생각이 들 수 있습니다. 그러나 이 사례에서 우리는 갑질의 가장 흔한 이유를 찾을 수 있습니다.

갑질은 가해자 입장에서 판단하는 것이 아닙니다. 의도하지 않았어도, 심지어 선의였다 하더라도 피해자가 부당하다고 느낀다면 갑질이 될 수 있습니다. 그렇다면 가해자가 의도하지도 않았는데 피해자는 왜 갑질로 느낄까요? 피해자가 버릇없기 때문일까요? 아니면 요즘 애들은 사차원이라서 그런 걸까요? 그것도 아니면 눈치가 없기 때문일까요? 안타깝게도 이런 일련의 사고가 바로 갑질의 시발점이 됩니다. 직장의 구성원들은 나이대부터 직급, 학력이 제각기 다릅니다. 과거 경험이 나와 다르다는 뜻이죠. 경험이 다르다는 것은 가치관이 다르다는 것을 의미합니다.

나와 하나부터 열까지 다른 사람들이 모여 있는 조직에서 모든 구성원이 나와 같은 생각을 하고, 나와 같은 가치 판단을 할 거라고 기대하는 것 자체가 불가능한 일입니다. 그런데 우리는 그 불가능한 일을 너무나 당연하게 요구합니다. 다르게 반응하는 팀원을 아주 쉽게 정의 내립니다. '이상한 사람', '투덜이' 혹은 '까칠한 사람'

으로 말이죠. 우리가 꼭 기억해야 하는 단순한 진실이 하나 있습니다. "나와 다르다고 틀린 것이 아니다." "모든 사람은 나와 다르다"는 것 말입니다. 나와 다름을 인정하지 않는 것이 갑질의 가장 흔한 이유입니다.

"내가 사원일 때는 이렇게 했어." "나 때는 상사가 시키기 전에 알아서 야근했어." "나는 누가 가르쳐주지 않아도 잘 해냈어. 요즘 애들은 약해빠져서 말이야." 이런 말은 결코 대화가 아닙니다. '나의 경험'이 의사 결정의 기준이 되니 무조건 따르라는 폐쇄적인 말일 뿐입니다. 자신의 경험에 동의하지 않는 상대는 이해하지 못할 테니 대화가 원활하게 이루어질 수 없어요. 이처럼 원활하지 않은 소통이 갑질의 시작이 되는 겁니다.

의도하지 않은 갑질이 의도적인 갑질보다 더 빈번히 일어납니다. 물론 의도적인 갑질의 피해가 월등히 큰 것이 사실이기는 합니다. 의도가 없는 갑질의 가해자는 스스로를 가해자라고 인식하지 못합니다. 단지 부하직원이 예의가 없었기 때문이라고 생각하죠. 이 현상을 통해 우리는 누구나 의도하지 않은 갑질의 가해자가 될 수 있다는 것을 깨닫게 됩니다. 따라서 갑질, 다시 말해 직장 내 괴롭힘은 생각보다 민감하게 인식할 필요가 있습니다.

갑질, 어디까지 당해봤나요? 1 : 부당한 지시와 사적 지시

2017년 조사에 따르면 "최근 1년 사이 직장 내 괴롭힘을 당해

본 경험이 있나요?"라는 물음에 '예'라고 대답한 비율은 얼마나 될까요? 놀랍게도 73.3퍼센트였습니다. 그리고 「직장내 괴롭힘 금지법」이 시행되고 1년이 지난 2020년 6월 조사에 따르면 비율이 45.4%로 지난 조사결과보다 개선되었습니다만 드라마틱한 결과치에는 미치지 못합니다.[18] 그중 신고한 비율은 단 3%에 그쳤습니다. 이런 지표가 무엇을 의미하는 것일까요? 직장 내 괴롭힘이 우리 일상에 매우 깊게 자리 잡고 있다는 뜻입니다.

메릴 스트립과 앤 해서웨이 주연의 〈악마는 프라다를 입는다〉에는 악명 높은 상사가 등장합니다. 패션잡지 편집장인 미란다(메릴 스트립 분)는 업계를 쥐락펴락하는 실세 중 실세이지만, 성격이 악마 같고 깐깐하기 이를 데 없습니다. 저널리스트를 꿈꾸던 앤디(앤 해서웨이)가 악마 편집장의 비서로 채용되면서 이야기가 시작됩니다. 앤디가 편집장에게 인정받기 위해 고군분투하는 과정이 흥미롭게 펼쳐집니다. 미란다의 쌍둥이 자녀 숙제 봐주기, 출간 전의 《해리포터》 책 사다주기, 강아지 산책시키기, 옷 못 입는다고 핀잔 듣기, 매일 야근하기, 커피 심부름하기, 업무 시간 외 전화 못 받으면 호통 듣기……. 재미있는 것은 이런 괴롭힘이 영화가 개봉한 2006년에는 그저 악마 같은 편집장의 성격을 극대화하고, 프로의 세계에서 살아남기 위한 통과의례처럼 그려졌다는 것입니다. 그런

---

18. 직장 내 괴롭힘 금지제도 1주년 토론회, "직장 내 괴롭힘 금지제도의 현황과 과제", 이상희

데 지금은 몹시 불편하게 느껴질 것입니다. 이유는 갑질에 대한 민감성이 사회적으로 높아졌기 때문입니다. 대한민국의 법제도로 따져보아도 검찰 포토라인(물론 지금은 사라졌습니다만)에 몇 번을 섰을 갑질 중의 갑질이라고 볼 수 있습니다.

영화 속 사례는 '부당한 지시' 혹은 '사적 지시'에 속합니다. 상사의 쌍둥이 숙제 봐주기, 강아지 산책시키기는 업무와 무관한 부당한 지시입니다. 상사의 우월적 지위를 이용한 전형적인 갑질이죠. 물론 영화에서는 나름의 이유가 있었습니다. 심지어 사적인 업무는 인정받은 직원에게 주어지는 승진처럼 여겨집니다. 업무 성취도에 따라 더 비중 있는 업무를 맡긴다는 것이죠. 이것은 가해자 중심의 비합리적인 태도입니다. 사적 지시를 해내지 못하면 인정받지 못하는 관행이 존재한다면, 피해자는 불쾌감을 표현하기는커녕 비합리적 관습에 매몰되기 쉽습니다. 그리고 팀의 문화라는 미명하에 다음 직원에게 답습될 것은 자명하구요.

이런 일이 영화가 아닌 현실에서도 흔히 일어난다는 것은 참담한 일입니다. 몇 해 전 모 대학병원에서는 장기자랑을 위해 간호사들에게 아이돌 춤을 추라고 강요했습니다. 문제는 보기 민망할 수준의 노출을 요구한 것입니다. 누가 봐도 상식적이지 않지만, 오랜 전통이라는 한마디로 일축했습니다. 모 인증원에서는 대표의 숙제를 직원에게 떠넘기고 대리시험까지 강요했습니다. 심지어 부당한 지시를 따를 수 없다며 퇴사하겠다고 하자 협박도 마다하지 않았습니다. 그들은 무슨 이유로 업무와 전혀 상관없는 지시를 내리는 것일까요?

우리가 취업할 때 가장 신경을 많이 쓰는 것은 직무 역량입니다. 희망하는 직무에 따라 경험과 학습 방향을 결정하죠. 힘들게 직무 역량을 높여 입사했는데, 사적 영역에서 직원의 역량을 평가한다면 직원뿐 아니라 조직에게도 소모적인 일입니다. 그런 기업문화에서는 직원들이 차츰 직무 역량을 높여서 프로가 되기보다는 눈치만 보는 무능력한 직장인으로 전락하고 말 것입니다. 고객은 등을 돌리게 마련이고요. 기업의 경쟁력을 낮추는 아둔한 행동일 뿐입니다.

그러니 이제는 이런 질문을 던져야 합니다. "갑질을 통해 우리가 얻는 이점은 과연 무엇일까? 누구를 위한 갑질인가?"

갑질, 어디까지 당해봤나요? 2 : 폭언과 폭행

태움문화라는 말을 들어보았을 것입니다. '태움'은 선배 간호사가 신임 간호사를 가혹하게 가르치는 일종의 직장 내 괴롭힘을 말합니다. 태움이라는 말은 '영혼이 재가 될 때까지 태운다'는 의미입니다. 태움으로 자살하는 뉴스가 나올 때마다 왜 이런 일들이 반복되는지 안타까움이 앞섭니다. "도대체 머리는 뭐하러 달고 다니는 거야?" "그만둘 거면 빨리 그만둬. 일할 사람은 많으니까" "이런 걸로 자살하지는 않겠지?" 이런 말을 듣는 하루하루가 고통스러울 수밖에 없을 것입니다. 생명을 다루는 일이기에 한 치의 오차도 없어야 한다는 직업적 사명을 빙자한 인격 비하와 인간 존엄의 훼손이라고 볼 수 있습니다. 이런 폭언은 비단 간호사 조직에만 존재하는 것일까요? "야! 네 부모가 그렇게 가르치던?" "네 옆에만 가면 왜 이렇게 더러운 냄새가 나냐?" 이런 치욕스러운 언사는 물론 컵을 던지거나 정강이를 걷어차는 폭행이 이어지기도 합니다. 2020년 조사에 따르면 직장 내 괴롭힘 중 가장 많은 형태는 폭언(55.5%), 따돌림·험담(45%), 강요(28.5%) 순인 것을 감안한다면 폭언이 얼마나 심각한 괴롭힘 사례인지 짐작할 수 있습니다.

도대체 이런 일들이 계속 반복되는 이유가 무엇일까요? 여러 번 강조했듯이 조직 내 '문화'로 자리 잡았기 때문입니다. 견고한 문화 속에서 다른 소리를 내기란 쉽지 않습니다. 국가인권위원회 조사에 따르면 실제로 직장 내 괴롭힘을 당했을 때 60.3퍼센트는 아무런 조치를 하지 않았다고 답했습니다. 이유로는 '달라질 게 없을 것 같아서'가 43.8퍼센트로 가장 많았고, '관계가 어려워질 것 같아서'가 29.3퍼센트로 나타났습니다.[19] 가해자가 나의 인사권에 영향을 미치는 존재이기 때문이라고 해석할 수 있습니다.

여전히 '아무리 그래도 직장에서만 보는 사람들의 괴롭힘 때문에 퇴사를 하거나 극단적인 선택을 하는 것은 개인의 나약함 때문

---

19. 국가인권위원회 설문조사, 2017

이 아닌가?'라는 생각이 들지 모릅니다. 그렇다면 하루 24시간을 한번 펼쳐보겠습니다. 그중 출근 준비 및 출퇴근 시간 3시간에 근무 시간 8시간을 더하면 11시간입니다. 업무 관련 시간인 11시간을 제외한 나머지 13시간에서 잠자는 6시간과 식사하는 3시간을 빼면 고작 4시간 정도 남습니다. 연장 근무라도 하는 날이면 4시간도 남지 않습니다. 이처럼 하루 24시간 중 가장 많은 시간을 소비하는 공간이 바로 직장입니다. 물리적으로 가장 많은 시간을 보내는 곳이죠.

직장생활이 힘들면 삶의 질이 낮아지는 이유가 압도적으로 많은 시간을 보내는 공간이기 때문입니다. 다름 아닌 직속 상사와 동료들이 직장생활의 질을 결정합니다. 그들에게 괴롭힘을 당하면 삶 자체가 행복할 수 없습니다. 이런 일이 지속되며 개선되지 못할 것이라는 확신이 생기면 체념하게 되고, 급기야 번아웃, 즉 탈진 상태로 접어들게 되죠. 탈진은 다시 공황과 우울증을 유발하고, 이런 감정 상태가 지속되면 극단적 선택까지 생각하게 됩니다.

그러니 직장 내 괴롭힘을 더 이상 나약한 개인의 문제로 치부하지 말아야 합니다. 우리 조직 모두의 문제로 인식하는 것이 해결을 위한 첫걸음입니다.

갑질, 어디까지 당해봤나요? 3 : 성희롱

직장 내 성희롱에 대해 이야기하기 전 질문을 하나 해보겠습니

다. 직장 내 성희롱은 성性 문제일까요, 힘ヵ의 문제일까요? 남녀 간의 문제일까요? 힘을 가진 자와 갖지 못한 자의 문제일까요? 눈치채셨겠지만 성희롱은 남자와 여자 사이의 성적인 문제가 아닙니다.

한국직업능력개발원의 '남녀 근로자 모두 위협하는 직장 성희롱 실태' 보고서에 따르면 지난 6개월간 성희롱을 경험한 근로자는 여성이 34.4퍼센트, 남성이 25.0퍼센트였습니다. 남성의 비율이 여성과 큰 차이를 보이지 않습니다. 가해자는 남성이 86.4퍼센트(남성 피해자 대상), 78.0퍼센트(여성 피해자 대상)로 남성 피해자의 경우 남성 가해자가 여성 가해자보다 월등히 높게 나타났습니다. 이 수치가 무엇을 의미할까요?

이면의 의미를 이해하려면 한 가지 조사를 더 살펴봐야 합니다. 바로 가해자의 직급입니다. 간부 및 임원이 34.6퍼센트로 가장 높았고, 직속 상사가 28.4퍼센트였습니다. 절반 이상이 피해자보다 지위가 높습니다.[20] 이것만 봐도 직장 내 성희롱은 남녀의 문제가 아니라 조직 내 권력의 문제라는 것을 알 수 있습니다. 그런데 왜 가해자 비율은 피해자의 성별과 관계없이 남성이 월등히 높을까요? 이유는 아주 단순합니다. 높은 직급에는 남성이 훨씬 더 많이 존재하는 현실 때문입니다.

---

20. 경향신문, 2017.05.29. "직장 성희롱엔 남녀 구분 없다"

여기에 한 가지 석연치 않은 진실이 있습니다. 성희롱의 가해자는 과연 나쁜 의도를 가지고 그런 행동을 했느냐는 것입니다. 놀랍게도 의도하지 않은 성희롱이 상당수에 달합니다. 의도성이 없는 가해자는 억울할 것입니다. 그러나 피해자는 반드시 존재합니다. 그러므로 앞서 다루었던 윤리적 민감성의 개념을 기억해야 합니다. 나에게 당연한 것이 상대방에게는 당연하지 않을 수 있다는 사실 말입니다.

팀 내 직원이 한 명 있습니다. 꽤 오랜 시간 함께 일한 가족 같은 직원입니다. 어느 날 그가 몸이 안 좋아서 조퇴를 하고 싶다고 합니다. 평소에 일을 열심히 하는 직원이었기에 걱정이 된 당신은 조퇴계를 결재하며 한마디 건넵니다. "요즘 많이 힘들었나 보네. 그렇게 너무 일만 하지 말고 이성을 만나야지. 자고로 음양이 조화를 이뤄야 몸도 건강해지는 거라고." 워낙 오랜 시간 편하게 지내온 동생 같은 직원이었기에 별 생각 없이 건넨 말이었습니다. 그런데 이것은 성희롱 발언일까요? 네, 성희롱이 맞습니다. 당신은 황당하고 억울합니다. '난 성희롱할 마음도 없었어. 그저 안쓰럽고 걱정돼서 몸 챙기라고 한 말인데, 어떻게 성희롱이라는 거야? 그 직원이 너무 예민한 거지. 같은 팀끼리 이런 말도 못하면 삭막해서 어디 회사 다니겠어?' 이렇게 생각할 수 있습니다. 그러나 당신의 의도와는 상관없이 성희롱 발언이 맞습니다.

이것은 다름을 인식하지 못한 데서 빚어진 오해입니다. 지금 유치원생들은 정식 과정으로 '성교육'을 받습니다. 과거 우리가 배운 것처럼 정자와 난자가 만나서 세포분열을 일으킨다는 생물학적 지식 수준이 아닙니다. 성인지 감수성을 중심으로 진행되는 교육입니다. 지인이든 낯선 사람이든 누군가가 자신의 몸을 만지거나 물리적으로 위해를 가하려 하면 이렇게 소리치라고 배웁니다. "싫어요! 안 돼요! 도와주세요!" 우리 어른들이 배운 성교육하고는 상당히 다릅니다. 사실 대부분의 어른들이 어릴 적에는 성교육 자체를 받지 않았을 것입니다.

부하직원들은 우리와 다른 환경에서 성교육을 받았습니다. 다른 감수성을 가진 그들과 같은 공간에서 일하고 있는 것이죠. 같은 현상을 두고도 서로 다르게 받아들일 수 있습니다. 우리는 이런 문화적 격차를 이해해야 합니다. 이해한다는 것은 가치관이 다른 개인들이 자아를 성취하고 협업해나가는 데 불편함이 없는 일터를 보장하는 것입니다. 누군가는 편안하지만 누군가는 불편하다면 올바로 이해한 것이 아닙니다. 어떤 말과 행동이 상대방을 불편하게 만들 수 있는지 민감하게 알아야 합니다.

혹시 아재 개그였다고 웃어넘기고 있지는 않나요? 부하직원이 너무 예민하다고 치부하지는 않나요? 네가 너무 예뻐서, 혹은 멋져서 칭찬한 거라고 합리화하고 있지는 않나요? 자기지향적 사고를 타자지향적 사고로 전환해야 합니다. 결국 갑질은 관계의 문제입니다. 다양한 사람들과의 관계를 맺을 때 자기지향적 사고를 강제하는 것이 바로 갑질입니다. 좋은 어른이 되기 위해 내 언행과 사고를 성찰해봐야 하는 이유가 여기에 있다고 하겠습니다.

직장 내 괴롭힘을 정의하라

2019년 7월 16일 개정된 「근로기준법」에서 눈에 띄는 조항이 하나 있습니다. 이른바 직장 내 괴롭힘 방지에 대한 내용입니다. 상시 5명 이상의 근로자로 운영되는 모든 직장을 대상으로 이른바 갑질을 예방함으로써 근로자의 인격권을 보호하는 데 목적이 있습니다.

내용의 전문을 살펴보면 다음과 같습니다. "사용자(고용주)와 근로자는 직장에서의 지위 또는 관계 등의 우위를 이용하여 업무상 적정 범위를 넘어 다른 근로자에게 신체적 정신적 고통을 주거나 근무 환경을 악화시키는 행위를 하여서는 아니 된다."('고용노동부 직장 내 괴롭힘 판단 및 예방·대응 가이드')

뭔가 어렵고 딱딱해 보이지만 핵심은 아주 간단합니다. 이 법은 크게 세 가지 기준으로 해석하면 됩니다. 첫 번째는 '행위자가 누구냐' 하는 것입니다. 전문에 나온 바와 같이 사용자(고용주) 등 높은 지위의 사람이거나 지위가 높지 않더라도 관계 등에서 우위라고 판단되는 사람을 의미합니다. 그렇다면 부하직원이 상사에게 직장 내 괴롭힘을 가할 수 있을까요? 물론 가능합니다. 다수의 직원들이 한 명의 상사를 집단따돌림을 한다든가 악의적인 소문을 유포하는 것이 여기에 해당합니다. 혹은 같은 동료들끼리 출신지역이나 종교, 학업상의 정보 등을 이유로 괴롭히는 행위도 직장 내 괴롭힘에 속합니다.

두 번째는 '어떤 행위였느냐' 하는 것입니다. 그 행위가 업무상 필요했는지 묻는 것입니다. 상사가 배가 고프다며 직원에게 라면을 끓여 오라고 합니다. 그리고 이렇게 덧붙입니다. "내가 컨디션이 좋아야 우리 팀의 성과가 좋아지니, 이건 업무와 연관성이 있는 거 맞지?" 정말 맞나요? 이것 역시 직장 내 괴롭힘에 해당합니다.

당신은 다음 주 신제품 출시로 프레젠테이션을 준비하고 있습니다. 발표 자료를 만들어서 팀장님께 보고했더니, 오타가 있다고 반려, 내용 전개가 논리적이지 않다고 반려, 서체가 맘에 들지 않는다고 반려합니다. 평소에도 나를 탐탁지 않게 여기는 것 같더니 일부러 괴롭히려고 계속 반려하는 것 같습니다. 이것은 직장 내 괴롭힘일까요? 전후 사정을 종합적으로 고려해봐야겠지만, 이 상황만으로는 괴롭힘이라고 보기 어렵습니다. 이유는 업무상 연관성이 있기 때문이죠. 단순히 나에게 정신적 육체적 스트레스를 준다고 모든 행위가 직장 내 괴롭힘에 해당하는 것은 아닙니다.

그렇다면 직장 내 괴롭힘의 장소는 어디일까요? 직장 내부는 당연하고, 회식 장소와 행사 장소, 출장이나 외근 장소도 포함됩니다. 사적 공간이나 SNS 공간은 어떨까요? 요즘은 단체 채팅방을 만드는 팀들이 많습니다. 늦은 밤에 팀장이 단체 채팅방에 "모두 내일

오전 6시 회의. 늦지 않게 출근하도록!"이라고 남깁니다. 팀원들은 그 밤에 생경하게 울리는 알림 소리가 달갑지 않습니다. 그래도 팀장님의 지시이니 모두 새벽에 일어나 집을 나서려는데 다시 톡이 울립니다. "오늘 아침 회의는 취소. 모두 정시 출근하도록!" 한두 번도 아니고, 이런 일이 자주 일어납니다.

이번에는 퇴근 후, 밤 11시쯤 자려고 누웠는데 팀장님이 술을 한잔 걸치고 톡으로 말을 걸어옵니다. "다들 자나?" 답글을 달자니 피곤할 것 같고, 안 달자니 후환이 두렵습니다. 다시 팀장님의 톡이 이어집니다. "요즘 일이 많아 다들 힘들지? 우리 조금만 더 힘내자." 지금 잠을 자는 게 최고의 격려라고 쓰고 싶지만 꾹꾹 참습니다. "사실 나도 요즘 ○○부장 때문에 미치겠다. 너희한테 말은 못 했지만 그 인간 때문에 내가 얼마나 힘든지 알아?" 이렇게 시작된 팀장님의 주사는 그 뒤로도 1시간이나 이어집니다.

이런 SNS상의 행위도 직장 내 괴롭힘일까요? 업무 시간도 아니고, 회사도 아니며, 심지어 SNS입니다. 결론적으로 말하자면 명백한 직장 내 괴롭힘입니다. 과거의 소통 공간은 대면 혹은 전화, 이메일 정도였다면 네트워크 환경의 변화로 SNS로 업무적인 소통을 하는 경우가 많아졌습니다. 그러므로 SNS 공간도 직장 내 갑질의 장소가 될 수 있습니다.

세 번째는 이런 행위가 어떤 '부정적인 영향을 미쳤느냐' 하는 것입니다. 이때 부정적인 영향은 정신적 육체적 스트레스뿐 아니라 왕따, 은따(은근히 따돌림), (화장실 근처 등으로)자리 이동, 업무 배제 등 근무 환경이 악화되는 경우를 포함합니다. 개정된 「근로기준법」에서 눈여겨볼 것이 직장 내 괴롭힘으로 발생한 정신적 육체적 스트레스인데요, 「근로기준법」과 함께 「산업재해보상보험법」이 개정되면서 직장 내 괴롭힘으로 발생한 정신적·육체적 스트레스를 업무상 질병으로 인정하게 되었습니다. 이제 직장 내에서 괴롭힘을 당했을 때는 참지 말고 용기 내서 말하세요.

여기서 명확히 짚고 넘어갈 것이 있습니다. 직장 내 괴롭힘으로 인정받기 위해서는 세 가지 기준을 모두 충족해야 할까요? 하나만 해당돼도 인정받는 것일까요? 세 가지 기준을 모두 충족해야 합니다. 단순히 정신적 육체적 스트레스를 받는다고 모두 직장 내 괴롭힘으로 처벌할 수 없습니다.

「직장 내 괴롭힘 금지법」 활용법

「직장 내 괴롭힘 금지법」의 가장 큰 특징 중 하나는 가해자에 대한 직접적인 처벌 조항이 없다는 것입니다. '그럼 있으나 마나잖아?'라고 의아해 할 수 있습니다. 그러나 법 개정 이면에는 조직 내에서 자발적으로 개선하는 것을 우선하겠다는 의미가 담겨 있습니다. 가해자의 대부분은 스스로도 자각하지 못한 채 문화 또는 관행이라는 이름으로 가해를 반복하고 있습니다. 그러니 처벌보다는 상생의 건강한 조직문화를 자발적으로 만들겠다는 법 취지를 먼저 생각해봐야 합니다.

10인 이상의 상시 근로자를 보유한 조직은 취업 규칙을 만들어서 보고해야 할 의무가 있습니다. 거기에는 직장 내 괴롭힘을 처리하는 기준과 방법, 가해자 처벌 조항과 피해자 보호 조항을 반드시 포함하도록 강제하고 있습니다. 다시 말하자면 사내 직장 내 괴롭힘 이슈가 접수되었을 경우에는 취업 규칙에 따라 자발적으로 공정하게 처리할 수 있도록 규정한 것이죠. 피해 대상자는 정규직 근로자뿐 아니라 파견근로자, 하청근로자, 특수고용직 등 고용 형태와 근로 계약 기간을 불문한 모든 근로자가 해당됩니다.

그렇다면 10인 미만의 사업장에서는 「직장 내 괴롭힘 금지법」의 보호를 받지 못하는 것인가 의문이 들 수 있는데요, 그렇지 않습니다. 5인 이상의 사업장으로 확대되어 운영되고 있습니다. 물론 4인 이하의 영세사업장은 사각지대에 있지만 사회문화적 정착 단계에 접어들면 확대될 것으로 기대합니다.

그렇다면 누가 신고할 수 있을까요? 피해 당사자를 포함하여 주변인 누구나 신고할 수 있습니다.

신고한 피해자나 제3자가 불이익을 받는다면 어떻게 될까요? 이 부분이 가장 핵심입니다. 고용주는 벌금형 이상의 형사처벌을 받을 수 있습니다. 이 일련의 절차를 살펴보면 직장 내 괴롭힘 문제는 조직의 입장에서 어떻게 조직문화를 개선해나가느냐에 초점이 맞춰져 있다는 것을 알 수 있습니다.

2017년 국가인권위원회에서 조사한 바에 따르면 신고자들 중
업무상 부당한 대우나 불이익을 받은 비율이 31.3퍼센트로 가장
높았습니다. 29.5퍼센트는 대처를 했다는 이유로 비난을 받았고,
26.9퍼센트는 자신에 대한 악의적 소문이 퍼진 것을 경험했다고
답했습니다. 신고에 대한 잘못된 인식이 침묵하게 만들고, 개선을
막으며, 근무 환경을 악화하는 악순환을 만드는 것입니다.

　　그런데 신고하고 대처하기 위해 노력했는데도 묵살되거나 개선
되지 않는다면 어떻게 해야 할까요? 그때는 신고 및 민형사 소송을
준비하면 됩니다. 신고는 어디에 할까요? 폭행, 상해, 명예훼손 등
의 범죄 관련은 경찰 또는 고용노동부, 국민권익위원회에 신고하
고, 직장 내 괴롭힘은 고용노동부나 국민권익위원회에 신고합니
다. 이렇게 구체적 대응방법을 알고 있어야 문제가 발생했을 경
우 올바르게 대처해낼 수 있으며, 재발을 막을 수 있습니다.

　　침묵으로는 그 어떤 것도 바꾸지 못합니다. 그렇다고 개인의 용
기에만 기댈 수도 없습니다. 직장 내 괴롭힘에 대응하는 사회적 조
직적 시스템을 갖춰야 개선해나갈 수 있습니다. 전반적으로 건전
한 문화가 만들어질 때 직장 내 괴롭힘도 사라집니다. 행복한 직원
들이 행복한 기업을 만든다는 이 단순한 진리를 잊지 말아야 할 것
입니다.

갑질 대응 수칙 1 : 가해자 프로세스

일단 가해자는 의도 유무를 떠나 피해자에게 사과하는 것이 우선입니다. 사과할 때 가장 중요한 것은 진정성입니다. 그런데 어른들 중에서도 진정성 있게 사과하지 못하는 사람들이 의외로 많습니다. 한 번도 사과하는 방법을 배우지 못했기 때문입니다. 사과하는 법까지 배워야 하느냐고 생각할 수 있습니다. 하지만 우리의 발목을 잡는 것은 '일'이 아니라 '사람'이라는 것을 우리는 너무나 잘 알고 있습니다. 삶의 질과 성취를 좌우하는 것 중에 하나가 바로 인간관계인데요, 관계의 질은 문제가 발생했을 때 어떻게 대처했느냐에 따라 확연히 달라집니다. 좋은 관계를 원한다면 다음의 4단계를 따르는 것이 좋습니다.

진정성 있는 사과의 4단계 E.A.A.E.

첫 번째 단계는 경청의 단계이지만 기억할 점은 공감적 경청 Empathic listen이라는 점입니다. 사람들은 호의적인 상대에게 공감하고 귀를 기울입니다. 반면 나의 잘못을 지적만 하는 상대에게 공감하기는 쉽지 않습니다. 그러니 경청을 위해서는 의도여부를 떠나

나의 언행으로 힘들었을 상대방을 공감하는 것이 먼저입니다.(구체적인 방법은 chapter 1의 '윤리적 민감성 키우는 방법 2 : 공감 능력을 높여라' 참조)

두 번째 단계는 사과Apologize입니다. 이때 진정성 있는 사과가 되기 위해서는 무엇이 잘못되었는지 가능한 구체적으로 설명하는 것이 좋습니다. 만약 나의 실수로 친구가 넘어졌다면 그냥 "미안해~"라고 말하지 말고 "미안해, 네가 있는지 몰랐어. 내 실수였어, 미안해"라는 사과가 더 진정성 있는 사과겠죠. 만약 회사에서 사과할 일이 있더라도 이와 같은 방법으로 사과하면 됩니다. "죄송합니다~"라고만 하지 마시구요, "잘 해보려고 한 건데, 제가 충분히 정보를 검토하지 못해 피해를 드렸습니다. 죄송합니다"라고 사과하는 것이 바람직합니다. 이때 주의할 점이 있는데요, 변명을 해서는 안된다는 겁니다. 변명과 설명의 가장 큰 차이점은 '책임이 누구에게 있느냐' 하는 것입니다. '이런 것을 오해한 너에게 잘못이 있어'는 변명이며, '이런 것을 오해하도록 한 나에게 잘못이 있어'는 설명이라고 쉽게 구분해 볼 수 있겠습니다. 그래서 사과할 때 이런 말을 하면 안 됩니다. "미안해. 그런데 그때 내 다리가 있는 걸 안 살핀 네 탓도 있는 거야"라며 피해 당한 상대에게도 책임이 있다는 식의 사과라든가 "다쳤다면 미안해, 기분이 나빴다면 미안해"처럼 조건을 달고 하는 사과는 설명이 부연된 사과가 아니라 핑계를 달고 있는 사과인 셈이죠. 만약 꼭 상대방의 개선점을 지적하고 싶다면 사과가 끝나고 정서적으로 수용되고 난 후 시간을 가져도 늦지 않습니다.

세 번째 단계는 수용Accept입니다. 상대방이 원하는 해결안을 제시하거나 준거집단의 징계를 수용하는 단계입니다. 만약 회사나 조직에서 발생한 경우라면 보상이 포함된 징계일 수도 있는데요, 이는 조직 안에서의 징계 프로세스를 따르면 됩니다. 그런데 우리 일상 속에서 징계는 딱히 정해져 있지 않죠. 이때는요, 피해를 입은 상대방 입장에서 해결안을 제시하는 노력이 필요합니다. 필요에 따라서는 적정수준의 보상도 뒤따라야겠죠. 예를 들어 실수로 넘어지게 했다면 미안하다고 말하면서 일으켜주려고 손을 내민다던가, 넘어진 상처에 바를 약을 주거나 치료를 해주려는 시도를 하는 것 말입니다. 어쨌든 중요한 것은 결자해지의 자세라는 거예요. 나로 인해 발생한 피해를 진심으로 복구해주겠다는 의지 말이죠. 이때 만약 악의가 없는 순수한 실수로 발생한 사고였다면 다소 억울한 마음이 생길 수도 있겠지만 만약 그 피해자가 우리 자신이라고 생각해보세요. 생각지도 않게 피해를 받아서 다치고 아픈데 단순 실수였다고 상대방이 가볍게 "미안!"이라고 말한다면 너무 억울하지 않을까요?

마지막 단계는 성찰의 노력Effort으로써 이런 일이 재발하지 않도록 노력을 기울이는 단계인데요, 이는 오직 하나의 방법으로만 성취해낼 수 있습니다. 그 방법이 뭔지 아세요? 바로 성찰입니다.

두 번 다시 의도하지 않은 피해자가 발생하지 않도록 노력을 기울이는 단계라고 볼 수 있습니다. 사실 성인들에게 성찰의 시간은 제일 중요한 시간입니다. 성찰은 우리의 삶을 성숙하게 만드는 괴롭지만 유익한 시간이라고 단언할 수 있습니다. 성찰이라는 단어가 대단하게만 느껴질지도 모르겠습니다. 하지만 우리 일상과 가깝게 끌어당겨 살펴본다면 그다지 어렵지 않을 것입니다.

하버드 대학교의 교육심리학과 하워드 가드너Howard Gardner 교수는 다중지능이론을 주장하면서 기존의 IQ로 대변되던 지능지수를 8개의 독립된 지능으로 구분했습니다. 언어지능, 논리수학지능, 공간지능, 신체운동지능, 음악지능, 대인관계지능, 자기성찰지능, 자연탐구지능인데, 이러한 지능은 문화와의 상호작용을 통해 바뀔 수 있다고 주장합니다.

그중 자기성찰지능은 자신의 성격이나 성향, 신념, 기분 등에 대해 성찰하고 자신의 내적 문제들을 해결하는 능력이라고 정의했습니다.[21] 자신의 행동을 단순히 되새김질하는 것이 아니라 문제를 해결하기 위해 되돌아보는 겁니다. 문제의 범위가 자신에서 타인으로, 그리고 사회로 확장되면서 성찰의 깊이가 더해지는 것이죠. 그런 점에서 성찰은 지금의 문제를 해결하기 위한 적극적 방법이고, 되풀이하지 않기 위한 필사의 노력이라고 할 수 있습니다.

---

21. 네이버 지식백과, 두산백과, "다중지능이론"

영화 〈변호인〉의 양유석 감독은 한 텔레비전 프로그램에서 성찰에 대해 이렇게 이야기했습니다. "최근 10여 년간 한국 사회에서 가장 부족한 점은 성찰이 아닐까? 성찰이 빠진 그 자리가 이익으로 채워지면서 만인 대 만인의 투쟁사회가 되었다고 생각한다. 〈변호인〉에서 진정 다루고 싶었던 것은 성찰하는 자와 성찰하지 않는 자의 이야기이다."[22]

한나 아렌트는 악의 평범성을 이야기하면서 잘못된 신념과 무지가 만나면 사회악이 된다고 말했습니다. 여기서 무지는 나의 행위에 대한 무성찰이라고 할 수 있습니다. 그렇기에 윤리적 기준을 알고, 나의 행동과 결과에 대해 비판적으로 성찰해야 합니다. 이제 우리는 생각해봐야 합니다. '나는 과연 성찰하는 어른인가?'를 말입니다. 나 자신을 비판적으로 바라볼 수 있는 사람만이 이 사회와 타인을 건강하게 바라볼 수 있습니다.

갑질 대응 수칙 2 : 피해자 프로세스

사실 피해자는 피해 사실을 밝히는 것부터 심리적으로 큰 부담을 느낍니다. 괜히 긁어 부스럼을 만드는 것은 아닐까 하는 두려움도 생기죠. 그러나 피해 사실을 밝히기로 했다면 다음의 단계에 따라 준비하는 것이 좋습니다.

---

22. JTBC 방구석 1열, 37회

첫 번째는 가해자에게 불편하다는 사실과 거부 의사를 밝히는 것입니다. 거부 의사를 밝히지 않는다고 해서 괴롭힘 행위로 인정받지 못하는 것은 아닙니다. 그러나 적어도 의도가 없었던, 괴롭힘에 대해 무지했던 가해자들에게 경각심을 일깨워주고 가해 행동을 멈추게 할 수는 있습니다.

두 번째는 거부 의사를 밝혔는데도 의도적인 괴롭힘이 지속된다면 육하원칙에 따라 사실을 기록하는 것입니다. 반드시 사실을 기록해야 합니다. 그리고 대면 소통보다는 문자나 이메일, 전화통화로 근거 자료를 수집하는 것이 좋습니다. 필요하다면 녹음을 하거나 영상촬영도 가능합니다. 불법이 아니에요.

세 번째는 주변 사람들에게 도움을 요청하는 것입니다. 가능하다면 증인을 물색해두는 것도 좋습니다. 주변 사람들이 알고 있다는 사실을 가해자가 인지하는 것만으로도 가해 행동이 줄어드는 효과를 기대할 수 있다고 앞서 언급한 것을 기억하시죠?

마지막으로 사내 구제기관이나 외부기관에 신고하고, 당신의 인격권을 적극적으로 방어해야 합니다. 스스로 나서지 않으면 그 누구도 당신을 대신해서 적극적으로 방어해주지 않습니다.

갑질 대응 수칙 3 : 제3자 프로세스(동료)

제3자는 여러모로 중요한 역할을 담당합니다. 일단 그들이 피해자 중심의 사고를 하는 게 중요하다는 것은 여러 번 언급했으니 잘 기억할 겁니다. 그렇지 않으면 피해자가 가해 행위에 당위성을 부여했다는 논리에 빠질 수 있습니다.

몇 해 전 모 치킨 회사의 회장은 비서와 둘이 식사를 하던 중 부적절한 신체 접촉을 했습니다. 그러나 거기에서 멈추지 않고 인근 호텔까지 가게 되었죠. 비서는 호텔 로비를 지나다 일면식조차 없던 여성 세 명 중 한 명의 옷깃을 잡으며 작은 목소리로 "도와주세요"라고 도움을 요청했습니다. 그들의 도움으로 비서는 호텔에서 빠져나와 택시를 타려고 했습니다. 그러나 곧바로 뒤따라 나온 회장이 택시를 붙잡고 함께 타려고 했죠. 이때 이상한 낌새를 눈치채고 뒤따라 나온 세 명의 여성들이 저지하자 그제야 회장은 포기했습니다.

이 사건으로 치킨 가맹점의 매출은 반 토막이 나고 말았습니다. 이렇게 리더의 비윤리적 행위로 브랜드에 부정적 영향을 미치는 현상을 CEO 리스크라고 합니다. 이런 CEO 리스크는 본사뿐 아니라, 아무 잘못도 없는 가맹사업자들에게 막대한 손실을 입히게 됩니다. 앞서 살펴본 윤리 이해관계자 중 P, 파트너에 속하기 때문입니다. 기업가의 비윤리적 행태는 자신뿐 아니라 회사, 그리고 직원 및 사업 파트너에게도 부정적인 영향을 미친다는 사실을 다시 한번 보여주는 사례죠.

그런데 제가 이 사건에서 주목한 지점은 일면식이 없는데도 도와준 세 여성들입니다. 그중 한 여성은 그날 이후 A4 용지 100페이지에 달하는 악플로 생각지도 못한 고통을 치렀습니다. 이것을 2차 피해라고 합니다. 알지도 못하는 사람이 다급하게 도움을 청하기에 도와준 것뿐인데, 꽃뱀이라는 등 음해성 공격을 받게 된 것입니다. 2차 피해가 발생하는 것은 피해자 중심의 사고를 하지 않았기 때문입니다. 그녀의 인터뷰 마지막 이야기가 바로 제3자가 주변의 괴롭힘에 눈감으면 안 되는 이유를 잘 설명해줍니다.

"피해자는 정말정말 죽고 싶을 정도로 하루하루 지내고 있는데, 피해자 욕도 하지 않으셨으면 좋겠어요. 앞으로 이런 상황이 계속되면 자기 자신(악플러)이 어려움을 당했을 때 누가 도와줄까 하는 점을 잘 생각해주셨으면 좋겠습니다."[23]

앵커는 인터뷰 마지막에 이런 질문을 했습니다. "한 달 전 그 순간으로 다시 돌아간다 해도 똑같이 행동하셨을까요?"

그녀는 이렇게 대답했습니다. "네, 했을 것 같아요. 그 여자분이 정말 절박해 보였거든요."

지금 당신에게 도와달라고 요청하는 동료가 있다면 당신은 도와줄 수 있나요? 아니면 적어도 못 본 체하지는 않을 용기가 있나요?

그러면 한번 반대로 질문해보겠습니다. 당신이 괴롭힘을 당했을 때 도와달라고 부탁한다면 귀 막지 않고 눈 감지 않고 당신을 도와줄 사람이 있나요? 2차 피해를 입을지도 모를 위험을 감수하면

---

23. 노컷뉴스, CBS 김현정의 뉴스쇼, 2017.06.28. "'호식이' 성추행 목격자 '꽃뱀 악플폭탄, 이러면 누가 돕나'"

서 말이에요.

단언하건대 나 자신을 도울 수 있는 유일한 방법은 내가 아닌 우리가 되어 서로를 돕는 것입니다. 이것이 우리가 괴롭힘에 눈감아서는 안 되는 이유입니다.

갑질 대응 수칙 4 : 제3자 프로세스(조직)

사기업의 목적은 이윤 추구에 있습니다. 지역경제를 일으켜서 일자리를 창출하는 경제적 책임이 있죠. 그래서 모든 기업은 경제적 가치를 기준으로 의사 결정을 하는 데 익숙합니다. 물론 경제적 가치를 기준으로 의사 결정하는 것이 잘못된 것은 아니에요. 문제는 다른 가치 기준을 고려하지 않고 경제적 가치 기준만으로 의사 결정을 내리는 것에는 상당한 위험이 따른다는 것이죠. 그러니 우리는 경제적 가치뿐 아니라 윤리적 가치, 사회적 가치 등을 폭넓게 고려하여 합리적 판단을 내릴 수 있어야 합니다.

「직장 내 괴롭힘 금지법」은 사회윤리적 가치를 직장 내에서 구체적으로 구현하기 위해 만든 것입니다. 직장 내 괴롭힘은 과거에도 존재했고 지금도 존재하며 미래에도 존재할 것입니다. 그러나 적어도 어떤 것이 직장 내 괴롭힘인지 인지하고, 더 이상 '관행'이라는 이유로 답습하지 말자는 사회적 각성이 형성된다면 불필요한 가해자와 피해자는 발생하지 않을 겁니다. 귀찮은 일을 빨리 끝내버리자는 생각으로 대처하는 것은 근시안적 태도입니다. 더 이상 반복하지 않으려면 제도적인 시스템이 필요합니다. 더불어 법이 규제하는 내용과 범위도 꼼꼼히 기억해야 합니다. 누구를 위해서요? 네, 우리 스스로를 보호하기 위해서죠. 결코 회사만을 위해서도, 나 아닌 상대적 약자만을 위해서도 아닙니다.

「직장 내 괴롭힘 금지법」에 따른 조직 차원의 대응 수칙이 있습니다. 첫 번째는 취업 규칙을 만들고 지방고용노동관서에 신고하는 것입니다. 법 시행 전에 완료해야 하는 사항이니 상시 근로자 10인 이상의 모든 사업장이 이미 제작 및 신고를 마쳤을 것입니다. 그리고 신고할 수 있는 창구를 다양하게 마련하는 것이 좋아요. 이메일, 온라인, 전화, 방문접수 등 근로자들이 근무 형태별로 가장 쉽게 접근할 수 있는 채널을 확보하는 것입니다. 익명의 제보를 위한 소통 창구를 열어두는 것도 좋은 방법입니다.

두 번째는 신고가 접수되면 취업 규칙에 명기된 절차를 밟아 공정하게 조사하는 것입니다. 이때 피해자가 원하는 처리 방법을 반영하도록 법에서는 규정하고 있습니다. 피해자가 사과 및 재발 방지를 위한 약속만을 원한다면 약식 조사로 마무리할 수도 있는 것이죠. 정식 조사를 원한다면 조사위원회를 구성하여 신속하게 조사에 착수하고 징계절차를 진행하면 됩니다.

세 번째는 역시 사후관리를 위한 모니터링입니다. 「직장 내 괴롭힘 금지법」의 목적은 가해자 처벌이 아닌 괴롭힘이 애초에 존재하지 않는 근무 환경을 만드는 것입니다. 사후 처벌적 목적이라기보단 사전 예방적 목적이라는 의미입니다. 그러니 처벌에서 끝나면 안 됩니다. 재발되지 않도록 견제하는 것, 미연에 방지하도록 교육하는 것이 조직의 궁극적인 역할입니다.

직원들은 고객 만족을 통해 조직의 이윤을 극대화하기 위해 최전선에서 일하는 사람들입니다. 기업은 고객 만족을 위해 다양한 활동을 하지만, 기업이 가장 만족시켜야 할 대상은 다름 아닌 직원들입니다. 이런 이유로 직원들을 내부 고객이라고 부르는 것이죠. 그러니 조직에게는 내부 고객을 만족시킬 수 있도록 건전한 일터를 만드는 것이 경제적 목표와 윤리적 목표를 달성하기 위한 출발점임을 우리 모두 기억해야겠습니다.

다수자들의 변명
_차별과 혐오

다름과 차별과 혐오의 상관관계

한 가지 질문으로 시작해보겠습니다. 대한민국에는 차별금지법이 있을까요, 없을까요? 당연히 있지 않을까요? 하지만 놀랍게도 우리나라에는 차별금지법이 없습니다. '장애 인식 개선 교육도 받았는데 그게 무슨 말이야?'라고 의아할지도 모르겠습니다. 현재 2007년 발의된 「장애인 차별금지법」만 발효되고 있습니다. 그게 차별금지법 아닌가 하고 헷갈릴 수도 있을 것 같은데요, 그렇다면 차별금지법이 무엇인지 조금 더 자세히 살펴보겠습니다.

차별금지법이란 합리적 이유 없이 성별, 장애, 병력, 나이, 성적 지향성, 출신 국가, 출신 민족, 인종, 피부색, 언어 등을 이유로 고용, 교육기관의 교육 및 직업훈련 등에서 차별을 받지 않도록 하는 내용의 법률로서, 우리나라에서는 2007년, 2010년, 2012년 등 세 차례에 걸쳐 입법을 시도했으나 모두 무위에 그치고 말았습니다.[24]

어쩌면 너무나 당연한 보편적 가치가 수용되지 못하고 있음을 단적으로 보여줍니다. 여러 차례 발의되었고, 심지어 유엔에서도 꾸준히 포괄적 차별금지법 제정을 촉구했습니다. 그러나 여러 가지 이유로 현재까지도 입법이 되지 않고 있습니다.

그렇다면 근본적인 질문부터 해봅시다. '왜 우리는 차별하면 안 될까요?'

첫째는 다름을 수용해야 하기 때문입니다. 우리나라의 장애인은 현재(2017년 기준) 국민의 약 5퍼센트인 255만 명 정도입니다. 그중 선천적 장애인은 11.9퍼센트밖에 되지 않습니다. 나머지 88.1퍼센트는 사고나 질환 등의 후천적 원인으로 장애인이 되었음을 알 수 있어요.[25] '평범'하다고 자신하는 우리도 '평범하지 않은' 장애인이 될 수 있다는 것입니다.

흔히 출신 배경을 말할 때 금수저, 흙수저라고 표현합니다. 우

24. 네이버 지식백과, 한경 경제용어사전, "차별금지법"
25. 뉴스1, 2019.04.20. "與, 장애인날 맞아 '함께 잘사는 포용사회 만들어야'"

리는 태어나면서 금수저, 흙수저를 선택할 수 없습니다. 태어나고 보니 금수저이고 흙수저인 겁니다. 금수저, 흙수저를 선택하지 못하고 태어났다고 해서 기회마저도 불공평하게 받는 것이 공정한 걸까요? 그렇다면 정말 미래를 꿈꿀 수도, 희망할 수도 없을 것입니다. 부모의 배경과는 무관하게 대한민국 국민으로서 동일한 기회를 부여받고, 행복한 삶을 영위하기 위한 최소한의 권리를 보장받아야 합니다. 당연히 흙수저라고 차별받아서도 안 되는 것이죠. 이건 배워서 아는 것이 아니라 본능적으로 느끼는 영역입니다. 이런 측면에서 윤리는 본능에서 비롯된다고 볼 수 있습니다. 마찬가지로 장애인을 선택해서 태어나는 사람은 없습니다. 스스로 원해서 장애인이 된 사람도 없습니다. 그들도 우리 사회의 구성원으로서 행복한 삶을 영위할 권리가 있는 것이죠. 이 또한 본능적으로 알 수 있어야 하지만 우린 장애인의 상황을 겪어보지 못했다는 이유로 소외하고 살아오지는 않았는지 생각해볼 필요가 있습니다.

　제각기 다른 사람들이 모여서 함께 살아가는 곳이 바로 사회입니다. 그러나 가끔, 아니 자주 다수가 소수에게 낯선 감정을 느끼고, 성숙하지 못한 표현을 하곤 합니다. 조선시대 파란 눈의 외국인들에게 손가락질하거나 배척하던 모습과 유사한 것이죠. 그런 행동 뒤에는 '나는 그들과 달라'라는 심리가 존재합니다. '그러니 나와는 상관없는 얘기야'라고 쉽게 생각하죠. 이런 심리가 공감 능력을 떨어뜨립니다. 하지만 우리는 누구나 소수자가 될 수 있습니다. 원하든 원치 않든, 의지가 있든 없든 상관없이 말입니다.

여기에 차별하면 안 되는 두 번째 이유가 있습니다. 당신이 그 소수가 될 수 있는 가능성 때문입니다. 나치 시대와 일본제국주의 시대의 공통점이 있습니다. 비이성적인 폭력 행위를 합리화할 이론이 있었다는 것입니다. 독일은 우월한 게르만족이 세계를 지배해야 한다는 이론이었고, 일본은 우월한 일본인이 동아시아를 지배해야 한다는 이론이었습니다. 그 이론을 합리화하기 위해 '다름'을 '차별'로 이용했던 것입니다. 심지어 머리 크기조차도 차별의 이유였다고 하니 지금 생각하면 황당할 정도죠.

이처럼 황당한 논리가 사회에서 통용되기 위해 필요한 핵심적인 정서가 있습니다. '혐오'입니다. '다름'을 '차별'하여 상대적 우월감을 느끼고, '혐오'의 정서로 견고하게 뿌리내리는 것이 바로 폭력의 메커니즘이죠.

그러나 잘 알다시피 다름의 기준은 상대적인 것입니다. 상황에 따라 얼마든지 바뀔 수 있습니다. 안타깝게도 '구별'이 사회문화적으로 악용되어 '차별'이 될 소지가 다분하다는 것입니다. 당연하지만 남자 혹은 여자이기 때문에 차별받아서는 안 됩니다. 그런 맥락에서 성소수자라는 이유로 차별받아서도 안 되죠. 많은 사람들이 우려하는 것처럼 성소수자가 우리 사회의 성적 건전성을 해치느냐 아니냐의 문제가 아닙니다. 어떠한 이유로든 차별이 인정되면 또 다른 이유로 차별이 강화되고, 혐오가 유발되기 마련입니다. 그리고 악의적인 다수에 의해 정당화됩니다.

그렇다면 이런 질문을 해보겠습니다. 당신은 평생 '소수자'가 되지 않을 자신이 있습니까? 하나의 차별이 용인되는 사회는 또 다른 차별을 낳습니다. 정치, 경제, 기호, 지역 등 다양한 차별이 가능합니다. 우리 모두는 언제든지 소수가 될 수 있습니다. 그 소수가 당당하게 서려면 '우리'가 되어야 합니다. 우리가 되어 사회적 안정망 안에서 보호받을 때 다름은 차별이 아니라 조화를 이끌어 낼 수 있습니다. 얼마 전 영화 〈미나리〉로 한국 배우 최초로 아카데미 여우 조연상을 수상한 윤여정 배우는 기자간담회에서 이런 말을 했습니다. "색깔을 합치면 더 아름다워집니다. 무지개도 일곱 색깔이 있잖아요. 저는 서로를 이해하는 것이 매우 좋다고 생각해요." 일흔이 넘은 그녀가 말한 이런 다양성이 존재하기 위해서는 다름이 차별과 혐오로 오염되지 않도록 사회적 관심을 유지하는 것이 우선이겠죠.

혐오는 자유가 아니다

사람들이 좋고 싫음을 느끼는 것은 자연스러운 현상입니다. 가끔 혐오감을 느낄 수도 있죠. 그러나 혐오를 표현하는 것은 전혀 다른 개념입니다. 혐오를 표현하는 순간 일종의 '폭력'으로 변질되니까요. 혐오는 다름을 인정하지 않는 폐쇄적인 차별에서 비롯됩니다. 차별은 주류인 다수가 비주류인 소수에게 행하는 사회윤리적 폭력입니다. 소수자는 단순히 적은 수의 사람들을 의미하는 것이 아니에요. 지배적인 위치가 아닌 약자의 위치에 있는 사람을 의미합니다. 그래서 소수자를 '마이너리티minority' 또는 '사회적 약자'라고 표현합니다.[26]

'나는 빨간색 구두를 싫어해요.' 이것은 기호입니다. 그런데 A라는 사람이 빨간색 구두를 신고 있습니다. 그것을 보고 '빨간색 구두는 아무리 봐도 안 예뻐. 너무 싫어'라고 생각합니다. 여기까지는 별문제 없습니다. 하지만 A에게 다가가서 "나는 빨간 구두가 너무 싫어요. 빨간 구두를 신은 당신도 너무 싫어요"라고 말한다면 어떻게 될까요? 내가 빨간 구두를 싫어하는 것이 자신의 기호인 것처럼, A는 빨간 구두를 좋아하는 기호를 가졌을 뿐입니다. 그런데 빨간 구두가 눈에 거슬리기 시작합니다. 그래서 공공연히 "빨간 구두를 신는 사람들 중에 정신이상자가 많대요. 그러니 빨간 구두를 신는 사람은 사회에서 격리해야 합니다"라며 빨간 구두 퇴출 운동을 시작합니다. 정확히 말하면 빨간 구두 신은 사람을 퇴출하는 것이죠. 이러한 사회적 흐름이 형성되어 빨간 구두를 신은 사람을 사회적 문제아로 규정합니다. 빨간 구두를 즐겨 신던 사람들은 사회적 불이익을 받을까 봐 선뜻 나서지 못합니다. 어느새 빨간 구두를 싫

---

26. 네이버 지식백과, '사회 선생님도 궁금한 101가지 사회질문사전'

어하는 다수가 주류가 되어버려요. 그리고 빨간 구두를 신은 소수의 사람들은 사회에서 배제되기에 이릅니다.

너무 비약적이라고 생각할 수도 있지만, 모든 폭력은 차별과 혐오에서 출발합니다. 학교폭력과 직장 내 폭력의 중심에도 혐오가 자리 잡고 있어요. 사회적 폭력도 혐오가 핵심 동력으로 작용합니다. 숙명여자대학교 법학부 홍성수 교수는 이렇게 지적합니다. "혐오 표현은 단순히 싫은 기호 표현이 아닙니다. 소수를 차별하고 배제하려는 의도로서 일종의 사회적 문제입니다."[27]

누군가를 혐오할 수는 있습니다. 그러나 혐오를 표현할 자유는 없습니다. 자유는 건강한 조화를 위해 필요한 개념이지 누군가의 안전을 위협하고 질서를 붕괴하는 데 필요한 개념이 아닙니다. 누군가를 괴롭힐 자유, 누군가를 폭행할 자유, 누군가에게 혐오를 표현할 자유는 없습니다. 나의 행복을 추구할 권리와 권리를 침해당하지 않을 권리가 있는 것처럼, 다른 모든 사람들도 행복을 추구하고 일상을 보호받을 권리가 있습니다. 이 세상 그 누구에게도 타인의 자유를 파괴할 권리는 없습니다.

혐오를 생각하는 것과 표현하는 것

혐오를 표현할 자유가 없다는 것을 알았습니다. 그렇다면 왜 혐

---

27. CBS 세상을 바꾸는 시간 15분, 790회

오를 표현하면 안 되는 것일까요? '나는 그저 웃자고 얘기한 건데, 상대가 혐오라고 느낀다면 농담도 맘대로 못 하는 거 아냐? 너무 예민한 몇몇 사람들 때문에 선량한 다수가 불편을 겪는 것도 역차별 아닌가?' 이유 모를 억울함을 느낄지도 모르겠습니다.

2019년 1월에 개봉한 영화 〈그린북〉에는 천재적인 피아니스트 돈 셜리 박사(마허샬라 알리 분)가 등장합니다. 1962년을 배경으로 한 영화에서 돈 셜리 박사는 엘리트 코스를 밟은 세계적인 피아니스트입니다. 그런데 여행지에서 그가 머물 수 있는 곳은 그린북에 기재된 호텔로 제한됩니다. 왜냐하면 그는 위대한 피아니스트이기 이전에 흑인이기 때문입니다. 영화의 제목이기도 한 '그린북'이란 흑인들이 이용할 수 있는 호텔 목록을 적어놓은 것으로 백인과의 공간을 철저히 구분 짓는 사회의 면모를 단적으로 보여주는 단어입니다. 영화에는 주인공 돈 셜리 박사에게 '깜둥이 주제에' 같은 비하 언어뿐 아니라 물리적 폭행에 이르기까지 흑인에 대한 다양한 혐오 표현이 등장합니다.

노예제도가 100년(1863년) 전에 사라졌음에도 차별은 여전히 남아 있었죠. 실제로 '흑인 사절' 혹은 '백인만 출입 가능'이라는 표지판을 당당히 내건 호텔이 있었습니다. 영화에서는 심지어 초대받은 공연장에서 공연을 마친 후 화장실을 사용할 수도 없었습니다. 왜냐하면 흑인과 백인은 같은 공간을 공유할 수 없었기 때문이죠. 2021년을 살고 있는 우리가 보기에는 말도 안 되는 이야기이지만 불과 60여 년 전에는 당연시되었습니다. 그런데 좀 궁금하지 않나요? 이러한 차별은 도대체 왜 일어나는 걸까요?

혐오는 차별에서 출발한다고 앞서 말씀드렸습니다. 그리고 차별은 상대적 우월감을 느끼고자 하는 사람들에 의해 자행됩니다. 다시 말하자면 열등하다고 여겨지는 사람들을 차별함으로써 자신은 우월한 존재로 인정받으려는 것입니다. 상대적으로 열등한 사람들을 혐오한다고 해서 자신이 우월해질 수 있을까요?

다음과 같은 상황을 가정해봅시다. 어떤 사람이 휴일을 맞아 아이 손을 잡고 전망 좋은 카페를 찾았습니다. 시원한 커피 한잔과 아이를 위한 오렌지주스를 주문하려는데, 종업원이 단호히 거절합니다. 이유는 그가 아이와 함께 있기 때문이죠. 종업원은 문 앞에 붙은 푯말을 손으로 가리킵니다. 그제야 '노 키즈 존no kids zone(어린아이 출입 제한)'이라는 글자가 그의 눈에 들어옵니다. 그는 항의합니다. 우리 아이는 떠들지도 않고 뛰어다니지도 않는다고 말이죠. 충분히 통제할 수 있는데 무작정 출입을 막는 것은 공정하지 못하다고 주장합니다. 그러나 카페 측은 "소수의 아이들 때문에 다수의 어른들이 불편을 겪어서 어쩔 수 없습니다"라고 설명합니다. 그때 그의 손을 잡고 있던 아이가 미안한 표정으로 "저 때문에 여기 들어갈 수 없는 거예요?"라고 묻습니다.

지금 이 사례는 다수의 기준으로 소수가 차별되고 배제되는 과정을 단적으로 보여줍니다. 그런데 다수의 필요에 따라 만들어진 기준은 얼마든지 바뀔 수 있습니다. 다시 말하면 합리적인 이유 없이도 특정한 부류가 배제될 수 있다는 것이죠. 이번에는 거절당한 아이에게로 시선을 옮겨봅시다. 배제된 소수의 아이는 성장하면서 주류인 다수가 됩니다. 다수에 의해 소수가 배제되는 것이 당연한 문화속에서 성장한 아이들은 학습한 차별과 혐오를 학교라는 공간에서 자연스럽게 실천합니다. 그리고 그들은 이제 소수가 된 어른 세대들에게 '늙었으니 주류의 자리에서 비키라'고 요구할 것입니다. '이제는 별 쓸모없는 약자이니 한쪽으로 물러나라'고 말입니다. 논리의 비약이라고 생각할 수 있겠지만 충분히 가능한 이야기입니다. 차별과 배제, 그리고 혐오는 다음 세대로 대물림됩니다. 다중적 지위를 가지고 있는 우리는 언제든지 상대적 약자가 될 수 있습니다.

남자와 여자, 노인과 어린이, 성소수자는 구별될 수는 있지만 혐오의 대상이 될 수는 없습니다. 그럼에도 불구하고 혐오를 표현해야 한다면 실행하기 전에 누구를 위한 것인지, 누가 이익을 보는지 먼저 생각해보세요. 과연 나 자신이 무엇을 얻을 수 있을까요?

모든 문화는 주변과 영향을 주고받으며 학습되는 과정을 거쳐서 확산됩니다. 옳지 못한 문화를 단절하는 것이야말로 미래의 우리를 위하는 길이며, 좋은 어른으로서 아이들을 위하는 길입니다. '내 돈으로 내 가게에서 내 맘대로 하겠다는데 무슨 상관이야?'라고 생각하는 사람에게는 이렇게 질문해보겠습니다. "개인은 어떻게 사회가 지향해야 할 가치를 위반할 자유가 있단 말인가요?"[28]

개인들의 집합체인 사회는 거대한 문화공동체입니다. 회사의 핵심 가치와 비전을 무시하는 개인이 성과를 인정받지 못하듯, 사회의 보편적 가치와 정의를 무시하는 시민은 존재 가치를 인정받지 못합니다.

차별과 혐오 대응 수칙 1 : 가해자 프로세스

학교폭력과 갑질의 가해자 중에는 자신의 행동에 혐오가 숨어 있다는 사실을 모르는 사람들이 많습니다. 대표적으로 나와 다른 존재에 대한 단순한 호기심에서 비롯되는 행동을 들 수 있습니다. 한 지체장애인 여성의 사례를 한번 살펴보겠습니다.

출근할 때 엘리베이터를 타니까 불쑥 한 아주머니가 저한테 "뭐 만들러 가?" 하는 거예요. "출근하는데요"라고 답하니까, "남자 친구는 있고?" 하는 겁니다. 그래서 '왜 지금 그 이야기를 하는 거지, 내가 대답을 해야 하나' 싶었지만 "네, 있어요"라고 했어요. 그랬더니 "같은 사람?" 이러는 거예요. 이런 일이 저한테는 너무너무 많이 일어나요.[29]

---

28. "하나도 괜찮지 않습니다", 오찬호 저, 블랙피쉬, 2018
29. "혐오표현 실태조사 및 규제방안 연구", 국가인권위원회, 2016

엘리베이터에 지체장애인이 함께 타고 있습니다. 당신과 다른 모습의 그 사람이 궁금할 수는 있겠죠. 악의적으로 놀리려는 생각도 없고요. 그래서 저런 대화 정도는 괜찮지 않나, 싶을지도 모릅니다.

그렇다면 이렇게 생각해보세요. 엘리베이터에 난생처음 보는 사람이 함께 타고 있습니다. 어떤 사람인가 궁금하다고 해서 "지금 어디 가?" "남자(여자) 친구는 있고?"라고 물어볼 수 있나요? 아마 쉽지 않을 겁니다. 그렇다면 왜 사적인 질문을 장애인 혹은 소수자들에게는 거침없이 물어보는 걸까요? 이유는 간단합니다. '저들(소수자들)은 나보다 열등한 사람들이다'라는 상대적 무시 혹은 측은함이 무심코 행동으로 이어졌기 때문입니다. 악의적 의도 여부를 떠나서, 물리적 상해 여부를 떠나서 무례함에 사과해야 합니다.

진정성 있는 사과의 4단계를 기억하시죠? 사과의 마지막 성찰의 노력 단계에서 "그들이 소수자가 아니었다 하더라도 그런 행동을 할 수 있을까?"라는 질문을 스스로에게 던져봐야 합니다. '아니다'라고 생각했다면 내 안의 편견과 마주하는 시간을 갖길 바랍니다. 그래야 이런 무례한 상황을 반복하지 않을 수 있습니다.

물론 의도적으로 혐오 표현을 하는 경우도 있습니다. 이럴 경우에는 몇 가지 법적인 조항을 살펴봐야 합니다. 현행 「형사법」으로는 모욕죄와 명예훼손죄 그리고 사안에 따라 성희롱 관련법과 「정보통신망법」에 의해 처벌할 수 있습니다. 형사처벌뿐 아니라 민사소송도 함께 진행할 수 있습니다. 누군가가 혐오 표현을 한다고 따라 하는 행위나 '익명' 뒤에 숨어 혐오 표현을 하는 것은 분명 범죄임을 알아야 합니다. 처벌이 무서워서 혐오 표현을 하지 않는 것은 성숙하지 못한 자세입니다. 그러나 우리에게는 이런 과정을 통해서라도 학습이 필요합니다. 어떤 행동이 누구에게 어떤 영향을 미치는지, 그리고 가해 행위로 자신은 어떤 영향을 받을지 충분히 인식하는 것이야말로 성숙한 태도입니다. 윤리 민감성이 우리 삶에 필요한 이유입니다.

차별과 혐오 대응 수칙 2 : 피해자 프로세스

혐오 피해자는 다른 피해보다 심리적으로 더 많이 위축될 수밖에 없습니다. 학교폭력이나 직장 내 괴롭힘처럼 일정 공간이 아니라 사회 전반에서 일어나는 현상이기 때문입니다. 알지 못하는 누군가가 자신에게 혐오 표현을 할 수 있다는 두려움은 일상 자체의 평온함을 흔들 수 있습니다. 별다른 대처를 하기 어려운 만큼 체계적인 대응이 필요합니다.

일단 불공정하게 피해를 받는다고 생각한다면 외면하지 말고 즉각 다시 물어볼 필요가 있어요. 지체장애인의 사례처럼 단순 호기심으로 자행되는 행위는 자각하는 것만으로 줄일 수 있습니다. 그들은 자신의 행동이 누군가에게 피해를 준다는 사실을 인지하지 못하니까요. 그러니 그들에게 이렇게 물어봅니다. "그런데 그게 왜 궁금하세요? 그런 질문은 불편하니 하지 말아주세요"라고 당당하게 말하는 겁니다. 가급적이면 눈을 맞추고, 자신 있는 태도로 말하면 더 효과적입니다.

소통에서 중요한 것은 말의 내용뿐만이 아닙니다. 어투, 어조, 톤과 같은 언어적 요소와 눈빛, 자세, 표정, 태도와 같은 비언어적 요소가 더욱 강력한 메시지를 전달합니다. 당신의 존엄이 훼손당할 때 주저하지 말고 즉각 자신의 권리를 보호하는 행동을 취해야 합니다.

스스로 방어권을 행사해도 아랑곳하지 않고 지속한다면 바로 도움을 요청하세요. 사회공동체의 도움을 받거나, 전문가를 통해 법적인 대처를 하는 것도 좋은 방법입니다. 그때부터는 피해 자료를 수집합니다. 가해 행동을 하는 사람 앞에서 핸드폰을 열고 녹음이나 동영상 촬영을 하세요. "저를 계속 괴롭히시면 지금부터 녹음(촬영)할 겁니다"라고 경고하는 것도 잊지 마세요. 상대방이 갑자기 입을 다물면 이렇게 녹음합니다. "지금까지 선생님께서 저에게 ○○이라고 욕을 하시고, 결혼은 할 수 있겠느냐고 인격 모독적인 말씀을 하셨죠? 저는 이런 말씀을 멈춰달라고 요청했는데도 지금까지 계속하셨습니다." 적극적으로 증거 자료를 기록하세요. 인터넷상에서도 동일하게 대처하면 됩니다.

그 누구에게도 인간의 존엄을 훼손할 권리는 없습니다. 의도가 있든 없든 말이죠. 가해자에게 가해 행위를 멈출 것을 요구하고, 책임을 요구하는 것은 사회구성원으로서의 당연한 권리입니다. 가해자를 이해하려고 노력하는 것만큼 피해자인 자신을 적극 보호하려는 노력 또한 필요합니다. 쉽게 바뀌지는 않겠지만, 이런 목소리 하나하나가 보다 조화로운 사회로 나아가는 초석이 될 것이 분명합니다.

차별과 혐오 대응 수칙 3 : 제3자 프로세스(주변인)

폭력의 현장에서 사실 가해자와 피해자는 일방적인 관계라고 할 수 있습니다. 더 많은 힘과 무리를 가지고 있는 가해자 앞에서 피해자는 폭력에 무방비로 노출될 수밖에 없습니다. 이런 상황에서는 피해자의 노력만으로 폭력을 근절하기 어렵습니다. 이런 현상이 반복되는 고리를 끊어야 할 주체는 누구일까요? 가해자와 피해자가 아닙니다. 바로 제3자인 주변인들과 사회입니다.

제3자의 첫 번째 대응 수칙은 역시 '피해자 중심 사고'입니다. 앞선 사례들과 같은 맥락입니다. 우선 피해자의 입장에서 생각하려면 피해자가 처한 상황을 충분히 공감할 수 있어야 합니다. 가해 행위가 잘못되었다는 것을 먼저 인식하는 것이 중요한데요, 그렇다고 대단히 큰 결단이 필요한 것은 아닙니다. '내가 저 사람 입장이라면 어떨까? 주변 사람이 어떻게 해주기를 바랄까?'를 한번 생각해보는 것만으로도 충분합니다. 그것만으로도 이미 피해자를 심리적으로 지지하는 것이니까요.

두 번째 대응 수칙은 가해자에게 그 행동이 옳지 않다고 표현하는 겁니다. 십수 년 전 저는 출장차 3개월간 외국에 머문 적이 있습니다. 그때 동승했던 상사는 외국 지리에 밝은 분이었죠. 늘 교육받는 우리를 차로 데려다주셨습니다. 하루는 사거리에서 신호 대기를 하던 중 그분이 무심코 담배꽁초를 차창 밖으로 버렸습니다. 신호가 바뀌어 차가 출발하려는 찰나, 대여섯 대의 차량 운전자들이 일제히 창을 내리고 우리를 향해 손가락질을 했습니다. 마치 계획이라도 한 것처럼 말이죠. 처음에는 무슨 일인가 의아했지만 바로 알아차렸습니다. 담배꽁초를 무단으로 버린 우리에게 경고를 한 것입니다. 그 기억은 지금까지도 저의 뇌리에 아주 선명하게 남아 있습니다.

주변인은 피해자를 도울 수도 있고 가해자의 행동을 저지할 수도 있습니다. 모르는 사람이 누군가에게 가해 행위를 하는 것을 목격하고 그 자리에서 부당함을 표현하기는 쉽지 않습니다. 그러나 최소한 아무 일도 없는 것처럼 지나치지 않는다면 폭력 행위는 생각보다 빨리 사라질 수 있습니다. 법적인 처벌만이 전부가 아닙니다. 더 근본적인 해결 방법은 주변 사람들의 건전한 대응 문화를 형성하는 것입니다. 이런 측면에서 문화는 하나의 거대한 시스템이라고 볼 수 있어요. 올바른 시스템을 만들어가는 것이 함께 일상을 살아가는 우리에게 필요한 삶의 태도가 아닐까요?

차별과 혐오 대응 수칙 4 : 제3자 프로세스(사회)

거듭 말씀드리지만 혐오는 폭력의 한 형태입니다. 그리고 폭력 현장에서 중립은 암묵적 동의와도 같죠. 암묵적 동의에 의해 폭력은 더욱 강화되고 반복됩니다. 이런 의미에서 사회는 피해자를 지지하는 문화를 형성하고, 차별과 혐오를 조장하는 흐름을 차단할 의무가 있습니다. 폭력을 제어하거나 방지할 수 있는 법을 제정하는 것이죠.

먼저 혐오는 불평등 행위이고, 괴롭힘 행위이며, 불법행위임을 인식하는 것이 중요합니다. 차별과 혐오가 나쁘다는 것은 알고 있지만, 어디까지가 혐오 표현인지 모르는 사람들도 생각보다 많으니까요. 많은 사람들이 혐오 표현이 무엇이고, 어떤 영향력을 미치는지 고민조차 해본 적이 없습니다. 나와는 상관없는 일이라고 생각하기 때문이에요. 사회는 법적인 규제를 강화하는 것과는 별개로, 차별과 혐오에 대한 민감성을 높일 수 있는 문화를 형성하는 데에도 집중해야 합니다. 다양한 방면에서 다양한 형태의 홍보와 꾸준한 교육을 실행하는 것이 좋습니다.

또한 피해자가 쉽게 접촉할 수 있는 채널을 열어두고, 동시에 사회구성원들이 자발적인 봉사를 할 기회를 확장하는 것도 좋습니다. 피해자의 삶에 관심을 가질 수 있는 기회가 되기 때문이죠. 이런 직간접적 참여 활동이 공공서비스의 양적·질적 향상에도 도움이 되는 것은 분명합니다.

차별과 혐오는 사회적 차원에서 함께 해결해야 하는 사회문제라고 인식할 필요가 있어요. 그래야 보다 빠르고 효과적으로 해결할 수 있습니다. 우리는 이미 함께의 힘이 엄청 강하다는 것을 잘 알고 있으니까요.

합법 같은 불법
_직장 내 비윤리

소확행? 소확횡!

집에서는 챙겨 먹지도 않는 믹스커피가 회사에만 가면 그렇게 맛있을 수가 없습니다. 심지어 평소에는 보기 힘든 카페라테 봉지 커피가 탕비실에 놓여 있는 순간 10분 내로 사라질 거라고 직감하죠. 지금은 마시고 싶지 않지만 곧 없어질 테니 한 움큼 집어서 일부는 책상 서랍에 넣어두고 일부는 가방에 넣어둡니다. 흐뭇한 마음으로 10분 뒤에 다시 가보면 역시나 직감은 틀리지 않습니다. 이미 카페라테 봉지 커피는 흔적도 없이 사라졌습니다.

점심시간에는 하나의 철칙이 있습니다. 양치질은 반드시 점심시간이 끝난 후에 한다는 것입니다. 점심시간을 쪼개서 양치질을 하려니 왠지 손해 보는 느낌이 드니까요. 건강을 위해 금연을 하고 싶지만 출근하면 생각이 달라집니다. 또 하나의 철칙이 있거든요. 50분 일하고 10분은 담배를 피우는 철칙이요. 근무 시간에 담배를 피우면 놀면서 돈을 버는 기분이 들기 때문이죠.

혹시 당신의 일상과 닮아 있지 않나요? 이런 행위를 소확횡이라고 합니다. 소소하지만 확실한 횡령이라는 의미로 회사비품을 사적으로 오남용하면서 만족감을 얻는 것입니다. 직장인들이 이런 일탈 행동을 하는 이유가 무엇일까요? 이들은 나쁜 짓인 것을 알면서도 왠지 모르게 쾌감이 느껴지고 스트레스가 풀린다고 말합니다. 어쩌면 언제나 '을'인 직장인이 슈퍼 '갑'인 회사에게 행하는 소심한 복수인지도 모르겠습니다.

그런데 우려할 만한 부분이 있습니다. 소확횡을 인증샷과 함께 SNS에 올려 유희화하는 현상입니다. 일종의 게임으로 인식하기도 합니다. 문제는 행위의 무게감과 도덕적 각성이 쉽게 휘발되어 게임이라는 프레임 뒤에 숨어버린다는 것입니다. 옳지 못한 행위라는 것을 전혀 자각하지 못하는 것이죠. 윤리둔감화 현상을 촉발한다고 정리할 수 있습니다. 죄의식을 느끼지 못하니 아무렇지 않게 그런 행위를 반복합니다. 심지어 어떤 제약도 받지 않고 더 큰 행위로 진화합니다. 소위 말해 바늘도둑이 소도둑 되는 현상이죠. 이런 비윤리적 문화는 소리 없이 빠르게 주변 동료들에게도 영향을 미치면서 점차 관행으로 자리 잡곤 합니다. 그중에는 윤리적 딜레마로 고민하는 또 다른 동료들도 있을 것이고요.

그럼 매일같이 야근을 시키는 비윤리적인 회사에 어떻게 복수하느냐고요? 정식 절차를 밟아 면담을 신청하거나 법적인 보호를 받을 수 있는 방법을 찾는 것이 좋습니다. 회사의 비윤리적 행태에 개인이 비윤리적인 방법으로 대응해서는 결코 이길 수 없습니다. 동일한 방법으로 싸운다면 힘이 센 쪽이 이길 수밖에 없습니다. 힘 센 상대와 똑같은 방법으로 싸우는 것은 승률 제로(0)의 게임입니다. 좀 더 유리한 방법을 찾아야 합니다. '개인'이 이길 수 없다면 '함께'로 이기는 방법을 찾고, 사회적 약자를 위한 법의 도움도 받을 수 있습니다.

또 하나의 문제는 소확횡이 명백한 불법행위라는 것입니다. 만약 소확횡의 주체가 비품관리자라면 횡령죄에 속하며, 그렇지 않을 때에는 절도죄에 속합니다. 횡령죄는 5년 이하의 징역 혹은 1500만 원 이하의 벌금형에, 절도죄는 6년 이하의 징역 또는 1천만 원 이하의 벌금형에 처해질 수 있습니다. 물론 커피 너댓 봉지 가져갔다고 고발하는 회사는 없겠지만, 분명 절도 행위라는 것을 인식해야 합니다. 실제로 회사 비품을 소확횡해서 중고사이트에 판매했다 형사처벌 받은 사례도 다수 존재합니다. 그러니 당신의 행위를 명확하게 인지하고 있어야 다름 아닌 당신 일상의 안전과 행복을 지켜낼 수 있습니다.

기업의 윤리가 매출을 좌우하는 시대

혹시 되도록 구매하지 않는 브랜드가 있나요? 반대로 가격을 조금 더 지불하더라도 구매하는 브랜드가 있나요?

일반적으로 소비자는 가성비 좋은 제품과 서비스를 구매하고자 합니다. 기왕이면 다홍치마라고, 같은 값으로 좀 더 좋은 제품을 선택하는 것이 경제적 소비심리입니다. 그러나 최근 소비트렌드를 보면 구매 결정 기준이 가성비에서 가심비로 옮겨가고 있습니다. 이런 현상 중 경제적 가치 기준이 아닌 윤리적 가치 기준으로 제품을 선택하는 것을 윤리적 소비라고 합니다. 흔히 착한 소비라고도 표현하죠. 제품을 소비하면서 자신의 의지를 표현한다고 해서 미닝아웃meaning out이라고도 합니다. 주목할 점은 이런 소비 현상은 비단 대한민국에만 국한되지 않습니다. 세계적으로도 비슷한 양상을 보이고 있죠. 이런 윤리적 소비를 주도하는 세대가 누구인지 아시나요? 흔히 MZ세대라 불리는 밀레니얼 세대들입니다. 이른바 1980년대 초부터 2000년대 초반에 출생한 그들은 이미 소비시장과 생산시장을 주도하고 있어요. 이제 MZ세대를 염두에 두지 않고는 시장에서 생존할 수 없을 정도입니다. 각 기업에서는 MZ세대와의 업무상 소통을 위해 세대갈등해결 교육을 꾸준히 진행하고 있으며, 고객으로서의 MZ세대를 이해하기 위해 그들의 소비성향을 분석하고 있습니다. 역사상 가장 독특한 특징을 보이는 MZ세대는 유독 '공정'이라는 키워드에 집중하고 있는데요, 그 이유가 무엇일까요? '개천에서 용난다'는 말을 알고 계시죠? 근면성실하면 누구나 성공할 수 있다는 격려의 속담일 텐데요, MZ세대에게는 더 이상 통용되지 않는 속담이 되어버렸습니다. 태어날 때 이미 흙수저나 금수저와 같은 다른 출발점으로 인해 성장하면서 격차가 벌어지는 사회적 문제점을 고스란히 경험하는 세대이기 때문입니다. 그러니 태어나는 곳은 선택할 수 없었기에, 기회만큼은 공정하게 받고 싶다는 욕구가 상대적으로 이전 세대들보다 강렬하게 반영된 결과라고 봐야 할 것입니다. 그리고 이런 MZ세대가 소비시장을 주도하고 있으니 그들의 욕구를 정확하게 들여다보는 것은 정말 당연합니다.

그렇다면 소비자들은 과연 어떤 브랜드를 선호하는 것일까요? 아마도 고품질과 긍정적 이미지를 갖춘 브랜드일 것입니다. 반면 기피하는 브랜드는 저품질과 부정적 이미지를 갖춘 브랜드일 것입니다. 대표적인 일본 SPA 브랜드 U사는 한일 무역 갈등의 최대 피해자처럼 보입니다. 그러나 조금만 더 살펴보면 단순히 일본 제품 불매운동 때문만은 아니라는 것을 알 수 있습니다.

제2차세계대전의 대표적인 전범국은 독일과 일본입니다. 그런데 두 나라가 과거를 기억하고 잘못에 대처하는 방법은 전혀 다릅니다. 독일은 자신들의 과거를 부끄러워하고, 되풀이하지 않기 위해 슈톨퍼슈타인을 만들어 기억하고 반성하고자 노력합니다. 그러나 일본은 과거 식민지배를 영광으로 인식하는 잘못된 역사관을 유지하고 있습니다. 대표적인 것이 바로 전범기라고 불리는 욱일기를 내세우는 행동입니다. U사는 간혹 욱일기 문양을 의류 디자인에 사용하여 질타를 받곤 합니다. 일본 화장품 브랜드 D사는 자회사인 TV 채널에서 왜곡된 보도로 물의를 빚었습니다. 역시 불매운동으로 이어졌고 대한민국에서는 사실상 유통이 전면 통제되었죠. 이런 윤리적 소비는 비단 역사적 가치관을 표현하는 외국 브랜드에만 국한되는 것이 아닙니다.

국내 유제품 브랜드 N사는 대리점주 갑질로 물의를 빚었을 뿐 아니라 유통기한이 지난 분유를 재가공해서 유통하는 행위를 여러 차례 반복했습니다. 뿐만 아니라 경쟁사인 M사에 대한 비방댓글 조작행위가 드러나는가 하면 자사제품인 B유제품이 충분한 실험을 마치지도 않고 항 코로나19 바이러스 효능이 있다고 홍보하여 결국 행정처분을 받기도 했습니다. 그러나 제가 주목한 부분은 비윤리적 행동에 대응하는 기업의 자세였습니다. 2020년 M사에 대한 비방댓글로 경찰조사를 받으면서 홈페이지에 사과문을 올리는데요, 사과문의 요지는 실무자가 자의적으로 판단하여 홍보 대행사와 업무를 협의했다는 것입니다. 이 글을 보고 많은 소비자들은 "사과 없는 사과문"이라고 꼬집었습니다.

진정성 있는 사과와 보상을 하고자 노력하기보다 심각성을 인지하지 못하는 경영진의 안일한 태도가 더욱 공분을 샀습니다. 일련의 사건들에 의해 N사의 회장은 결국 회장직을 내려놓게 되었습니다. 이런 행동을 보인 이유는 윤리적 딜레마 상황에서 윤리적 가치 기준이 아닌 경제적 가치 기준을 선택했기 때문입니다. 그렇다면 그런 선택이 과연 N사의 경제적 목표 달성에 기여했을까요? 안타깝게도 유제품 시장에서 2위를 고수하던 N사는 2013년(대리점주 갑질 사건)을 기준으로 불매운동의 직격탄을 맞아 경쟁사인 M사에게 역전을 당하게 됩니다. 2019년에는 매출과 시가총액 모두에서 큰 격차를 보이며 2위를 놓치고,[30] 2020년 결산에서는 764억의 영업손실을 보며, 2021년 결국 사모펀드에 매각되기에 이르렀습니다. 우리는 이 기업의 흥망을 지켜보는 것에 머물면 안 됩니다. 이런 변화가 왜 일어났는지, 그리고 어떻게 흘러갈 것인지를 예측해볼 수 있어야 합니다.

투명한 광장에서 살아남는 법

최근 들어 기업의 비윤리적인 행태가 더욱 이슈화되는 이유가 무엇일까요? 과거에도 이런 일은 있었을 텐데 말입니다. 더구나 기업의 비윤리적인 행태는 매출에 영향을 미치는 바로미터로 작용하고 있습니다. 이러한 현상이 나타나는 데는 두 가지 사회적 움직임이 있습니다.

---

30. 한국경제, 2019.04.08. "50년 라이벌 매일·남양유업의 뒤바뀐 운명"

첫 번째는 CSR이라고 하는 개념의 대두와 확산입니다. 기업의 사회적 책임을 의미하는 CSR_{Corporate Social Responsibility}은 이제 기업 운영의 필수 과제로 떠오르고 있습니다. 더불어 ESG_{Environment, Social, Governance}경영의 개념도 확산되면서 환경과 기업의 사회적 책임, 지배구조의 투명한 경영을 요구하고 있죠. 이는 기업에게 경제적 책임뿐 아니라 윤리 이해관계자들을 위한 사회적 의무 활동을 요구하는 것입니다. 기업의 목적은 단연 이윤 추구입니다. 이윤을 극대화해서 직원들의 경제적 기반에 기여하는 것이 제1의 책임입니다. 그러나 사회문화적 영향력이 커지면서 모든 가치 판단 기준을 이윤 추구에 두는 것은 사회의 건전성을 훼손할 수 있다는 인식이 커졌습니다. 지속가능할 수 없다는 위기의식이 기업에게 경제적 책임뿐 아니라 사회적 책임도 함께 요구하게 되었다고 볼 수 있습니다. 현재의 소비자들은 과거의 소비자와는 조금 다릅니다. 과거의 소비자가 가성비 중심의 단순 소비 활동을 해왔다면, 현재의 소비자는 적극적 소비 활동을 지향합니다. 때에 따라서는 판매에 직간접적으로 개입하기도 하고, 의도적으로 소비 흐름을 주도하기도 합니다. 불매운동이나 구매 리뷰를 통해 유통에 영향을 미치는 사례가 대표적입니다.

두 번째는 SNS의 대중화 및 일상화입니다. 내 방에 앉아서 실시간으로 미얀마의 뉴스를 접하고, 가자지구의 사망자 소식을 듣습니다. 지구 반대편의 이야기뿐 아니라 나와는 다른 시각의 의견

또한 다양한 채널을 통해 접할 수 있습니다. 공중파 방송에서는 다뤄지지 않는 이야기도 얼마든지 찾아서 볼 수 있습니다. 유튜브의 등장으로 1인 미디어 시대가 열렸습니다. 핸드폰 하나만 있으면 언제 어디서든 누구나 방송 주체가 될 수 있어요. 더 이상 한 개인의 긍정적, 부정적 언행이 감춰지기 어려운 시대인 것입니다. 더 이상 밀실 안의 경영은 없습니다. 국내뿐 아니라 해외의 사례들도 실시간으로 유통되는 상황에서 기업도 예외가 되지 못합니다. 물론 이런 현상에는 부정적 기능도 분명 존재하죠. 그러나 변함없는 사실은 이제 과거와는 패러다임이 완전히 바뀌었다는 것입니다. 이제 기업은 내부의 부정적 행위를 쉽게 감출 수 없는 환경으로 빠르게 변화하고 있습니다. 마치 조직과 개인이 투명한 광장에서 활동하는 것처럼 말이에요.

생존을 위해 윤리경영이 필요합니다

모든 것이 투명하게 된 이면에는 내부 고발 제도의 발달도 있겠지만, 더 큰 이유는 국민들의 윤리적 민감성이 발달했기 때문입니다. 2015년부터 2019년까지 직장 내 성희롱 신고 추이를 확인해 보면 확연히 달라졌음을 알 수 있습니다. 고용노동부의 '성희롱 진정사건 접수현황'에 따르면 2017년에는 552건이 접수되었으나, 해마다 지속적으로 증가해 2018년에는 무려 1,349건을 기록하였으며, 2019년에는 817건을 기록하였습니다. 증가된 수치가 의미하는 것은 무엇일까요? 직장 내 성희롱이 실제로 증가한 것일까요? 이 현상에 대해 양성평등원의 이상화 교수실장은 "직장 내 성범죄 발생 빈도가 늘어났다기보다 개인의 성 인권에 대한 감수성이 높아졌기 때문"이라고 분석했습니다.[31] 특히 2018년에 폭발적으로 증가한 것은 '미투Me too·나도 피해자다운동'의 확산 때문이었죠.

이런 사회적 변화를 기업은 예의주시할 필요가 있습니다. 기업 입장에서는 CSR에 대한 사회적 요구와 소비자의 SNS를 통한 감시 활동이 형성되었으며, 내부 직원들의 내부감시 또한 강화된 윤리적 변화를 감지해내야 합니다. 지금 우리 사회는 공정으로 진화하고 있습니다.

이제 우리는 이 거대한 변화를 인식해야 합니다. '요즘은 예전 같지 않아. 많이 변한 거 같아'라는 막연한 생각에서 벗어나, 무엇이, 왜, 어떻게 변했는지 구체적으로 인식하고 변화에 발맞춰 나가려는 노력이 필요합니다. 나아가 변화를 주도해나가면 더욱 좋을 것입니다. 투명한 광장에서 우리의 일거수일투족이 실시간 공개되고 있는 시대에 타조처럼 머리만 수풀 속에 처박는다고 가려지는 것은 아닙니다. 소비자들은 윤리적 기준에 따른 의사 결정과 대응 태도를 요구하고 있습니다. 따라서 우리의 의사 결정과 대응 태도에 자신과 기업의 생존이 걸려 있습니다.

---

31. 서울신문, 2017.11.06. "직장 내 성희롱 경험자 78% 참고 넘긴다"

인사청문회 시즌이 되면 쏟아지는 의혹과 해명으로 뉴스가 시끌시끌합니다. 과연 그 후보자가 공무를 온전히 수행할 수 있을지를 두고 설전이 벌어집니다. 그런데 결국 후보자의 발목을 잡는 것은 업무 성과가 아니라 도덕성과 윤리성 문제입니다. 재산 증식 과정, 병역, 학위, 자녀 문제 등 업무 역량보다 늘 개인의 도덕성과 윤리성이 결격 사유로 떠오릅니다. 사실상 업무 역량이 어느 정도 입증된 사람을 후보자로 지명하므로 과거의 윤리적 행보로 자격을 검증하려는 것입니다. 결국 당락은 윤리성에 달렸다고 봐야 합니다.

지금까지 살펴본 바와 같이 기업에게도 개인에게도 윤리가 무엇보다 중요한 시대입니다. 그런데 우리는 윤리를 아주 먼 이상 속 개념이라고 생각합니다. 다시 한 번 강조하지만 윤리는 먼 우주의 행성 속 이야기가 아닙니다. 바로 지금 우리의 일상에 낮고 깊게 스며들어 있는 현실의 이야기입니다. 심지어 매우 즉각적이고, 매우 구체적이며, 매우 사소합니다. 따라서 우리는 일상의 사소한 순간에도 윤리적 의사 결정을 연습하고, 윤리적 행동을 구체적으로 인식하는 훈련을 해야 합니다. 그래야 좋은 어른이 될 수 있고, 좋은 선배가 될 수 있으며, 좋은 세상을 만들어갈 수 있습니다.

이런 것도 비윤리인가요? : 원칙 무시

회사에서 해야 할 업무는 많은데 시간은 정해져 있죠. 그리고 모든 일에는 꼭 지켜야 하는 프로세스가 있습니다. 가령 상담원들은 고객에게 문의 전화가 오면 반갑게 인사를 하고, 자신을 밝힌 다음 무슨 일로 전화했는지 물어봅니다. 고객 응대 프로세스에 따라서 말이죠. 마찬가지로 제조 현장과 연구 분야에도 정해진 업무 프로세스가 존재합니다. 그러나 반복되는 업무에서 이 모든 프로세스를 하나하나 지키는 것은 생각보다 어려운 것이 사실입니다. 업무의 숙련도가 높을수록 눈감고도 하는 일을 프로세스대로 하려니 비효율적이라는 생각이 드는 것이죠. 특히 업무가 밀려 있을 때는 한두 개의 프로세스를 건너뛰는 것이 낫다고 생각할 수도 있습니다.

'기본으로 돌아가라Back to the basic'는 말이 있습니다. 조직에서 많이 쓰는 말이죠. 그만큼 기본을 지키지 않는 현실을 반영하는 것이 아닐까 생각합니다. 회사 업무에 필요한 기본적인 프로세스를 담은 것이 매뉴얼입니다. 매뉴얼에는 회사의 비전, 핵심 가치, 인재상, 역사 등이 기록되어 있습니다. 이것을 회사의 문화적 가치라고 합니다.

회사의 문화적 가치는 조직원들이 윤리적 딜레마 상황에 직면했을 때 방향키가 되어줍니다. 그러므로 회사 문화적 가치를 조직원들이 명쾌하게 공유할 수 있도록 힘써야 합니다. 잭 웰치는 이렇게 강조했죠. "열 번을 이야기하지 않으면 한 번도 얘기하지 않은 것과 같다. 기업의 핵심가치는 700번 이상 반복해서 부하직원들에게 말하라."

《동의보감》에 "통通하지 못하면 통痛이 온다"는 말이 있습니다. 통(흐르는)이란 바로 피를 이릅니다. 피는 우리 몸의 80퍼센트를 차지하며, 산소와 영양소를 몸 구석구석으로 실어 나르는 역할을 합니다. 혈관이 좁아졌거나 혈전으로 인해 피가 잘 흐르지 못하면 심각한 심혈관 질환을 야기합니다. 우리 몸의 각 기관까지 피가 제대로 흐르지 못하면 결국 심각한 고통이 따릅니다. 기업도 마찬가지입니다. 회사의 구석구석까지 문화적 가치가 잘 소통되지 못하면 뜻하지 않은 곳에서 문제가 발생합니다. 조직에 고통이 따르는 것이죠. 그러므로 문화적 가치관을 구체적으로 인식하는 것은 가장 중요합니다.

매뉴얼은 기업 가치 이외에 다른 측면의 원칙을 담고 있습니다. 직무적 가치, 즉 직무를 수행할 때 반드시 지켜야 하는 원칙이 그것입니다. 이 직무적 가치의 핵심은 이해관계자 중 고객Customer 만족과 내부 직원Employee의 안전입니다. 이들은 이윤 창출에 직접적인 영향을 미치는 사람들이죠. 2021년 1월 「중대재해 처벌 등에 관한 법률」이 공포되고 곧 시행을 앞두고 있습니다. 이 법이 만들어지기 이전인 2018년 대통령에게 비정규직과의 대화를 요구하던 24세 청년이 12월 태안의 화력발전소에서 일하던 중 사고로 목숨을 잃었습니다. 이 사고의 원인인 중 하나는 2인 1조로 근무해야 하는 안전원칙을 지키지 않은 것입니다.

원칙을 지키지 않은 것은 누구일까요? 개인이 부주의한 때문일까요? 그렇지 않습니다. 원칙이 지켜지도록 교육하고 관리하지 못한 조직문화와 '원래 이렇게 해왔었어'라는 안일한 업무 관행이 합쳐진 결과입니다. 따라서 조직은 전문성에 기반하여 업무상 파생될 수 있는 문제를 미리 진단하고 구체적인 프로세스를 만들어서 모든 조직원에게 명확하게 공유하여, 실행을 이끌어내는 것이야말로 윤리적 기업의 첫걸음이라는 것을 무겁게 인식해야 합니다. 원칙을 지키는 것이 직업윤리의 시작입니다. 직업윤리가 지켜지지 않으면 업무상 안전은 담보할 수 없습니다. 필연적으로 안전을 보장받지 못한 조직원은 행복할 수 없고, 행복하지 못한 조직원은 결코 고객을 행복하게 만들지 못합니다. 고객을 행복하게 만들지 못하는 회사가 행복할 리 없습니다. 기업생태계가 이렇게 촘촘하게 연결되어 있다는 점에서 원칙을 준수하는 것은 회사의 생산성과 지속 가능성에 매우 밀접한 영향을 미치는 요소라는 것을 다시 한 번 기억할 필요가 있습니다.

이런 것도 비윤리인가요? : 비전문성

당신은 일하고 있는 분야의 전문가인가요? 우리의 일터에는 전문가가 필요합니다. 그렇다면 당신이 생각하는 전문가는 어떤 사람인가요? 일을 능숙하게 잘하는 사람? 혹은 해당 분야에서 혁혁한 공을 세운 사람? 오랫동안 직무를 수행한 사람? 앞서 열거한 모든 정의가 전문가의 일면을 설명하는 내용이 맞습니다. 그러나 전부라고 보기에는 다소 어색한 점이 있죠? 전문가는 "어떤 분야를 연구하거나 그 일에 종사하여 그 분야에 상당한 지식과 경험을 가진 사람"이라는 사전적 의미를 가지고 있습니다.[32]

그렇다면 구체적으로 어떤 역량을 갖춰야 전문가로 인정받을 수 있을까요? 지식knowledge과 기술skill 그리고 태도attitude 세 가지 역량으로 나눌 수 있습니다. 어떤 분야에 대해 많이 아는 것만으로 전문가라고 할 수 없습니다. 아는 것만큼 기술적으로 능숙하게 실행할 수 있어야 하겠죠. 그러나 무엇보다 중요한 역량은 태도입니다. 해당 직무에 대해 어떤 자세로 임하느냐가 단순히 '일 잘하는 사람'과 '전문가'를 결정합니다.

2019년 초 '유전자 세포 치료제'로 각광받았던 관절염 치료제 I를 기억하실 것입니다. 손상된 관절을 치료하기 위해 개발된 약품으로 2017년 식품의약안전처의 허가를 받아 시판되었습니다. 한 번 손상되면 재생이 안 되는 연골에 세포 치료제인 2개의 약을 주사하면 연골이 재생된다는 것이었죠. 문제는 이 중 하나의 약에 주입된 것이 연골 세포가 아닌 신장 세포였다는 점입니다. 더 심각한 문제는 그 신장 세포가 암세포로 발전할 가능성이 농후하다는 것이었죠. 무려 2년간 3,700여 명의 환자가 이 주사를 맞았으며, 심

---

32. 네이버 국어사전, "전문가"

지어 1회에 700만 원이나 하는 고가의 주사였습니다. 어디서부터 잘못된 것일까요?

법, 의학과 같이 쉽게 접근하기 힘든 연구 분야나 경험 집약적 분야일수록 일반인들의 견제나 개입이 어려워집니다. 당연히 그들의 직업윤리와 양심에 위임할 수밖에 없습니다. 이 관절염 치료제 I의 문제점은 미국 FDA 승인을 받기 위한 과정에서 이미 밝혀졌습니다. 그런데 왜 우리나라에서는 아무 문제 없이 몇 년간 시판되었을까요? 단순 실수였다 해도 승인과정에 문제점이 있다는 것을 방증하며, 그렇지 않고 의도적으로 가려진 것이라면 윤리적 해이의 심각성을 의심할 수밖에 없는 것이죠. 밝혀진 바에 의하면 단순 실수가 아닌 담당 전문가들의 업무 태도에 문제가 있었다는 것을 알게 되었습니다. 관절염 치료제 I를 시판하기 위해 식약처에서 검사를 위한 관련 자료를 요구합니다. 그런데 식약처에서는 단 한 번의 자체적인 검사도 하지 않고 K사가 제출한 자료 검토만으로 허가해주었던 것이죠. 일종의 직무유기에 해당합니다.

이런 결과는 바로 전문 역량 중 태도의 부족에 의해 발생합니다. 앞서 다룬 원칙을 무시하는 행위입니다. 일반적인 상황에서는 전문가의 필요성이 잘 드러나지 않습니다. 대부분 문제 상황에서 존재 가치가 나타나죠. 가장 훌륭한 전문가는 문제 상황이 발생하지 않도록 미연에 방지하고 교육하는 데 더 집중합니다. 이런 전문가의 역할 때문에 일반인이 알지 못하는 지식과 기술 그리고 태도를 갖춘 전문가가 비로소 건전한 일터와 사회를 만들 수 있습니다. 국민들이 사회 서비스를 신뢰할 수 있는 것이죠.

2019년 '에델먼 신뢰도 지표 조사'에 따르면 사회 각계각층에서 가장 신뢰할 만한 사람은 성공한 사업가나 CEO가 아닌 전문가 집단이라고 밝혔습니다. 기업의 기술 전문가와 학계 전문가 등 각 분야의 전문가가 사회의 신뢰를 회복하는 핵심 주체라는 것입니다.[33] 연계하여 2020 에델먼 신뢰도 지표조사에서는 회사의 신뢰도에 있어 윤리요인이 역량보다 3배 더 중요하다는 조사결과도 밝혔습니다. 윤리적 태도를 갖춘 전문가만이 약속이 가능한 사회를 만들어낼 수 있으며, 사회적 자본을 유지해 갈 수 있음을 명심해야 합니다.

이 시점에서 한번 질문해보겠습니다. 당신은 스킬이 좋은 전문가인가요? 윤리적 태도를 갖춘 진정한 전문가인가요? 지금 우리 시대는 윤리적 태도를 갖춘 신뢰할 만한 전문가를 원하고 있음을 무겁게 인식할 시점이 아닐까 생각합니다.

직장 내 비윤리 대응 수칙 1 : 가해자 프로세스

앞에서 직장 내 비윤리가 생각보다 일상적이고 빈번하다는 것을 알아보았습니다. 의도 여부와 상관없이 일상의 관행으로 자리

---

33. 에델만 신뢰도 지표조사, 2019

잡을 수 있다는 것도 알 수 있었죠. 말하자면 누구나, 언제든지 가해자가 될 수 있다는 것입니다. 봉지 커피 몇 개 가져간 것으로 가해자라고 하는 것은 지나친 표현이라는 생각이 들 수도 있습니다. 공금 횡령을 한 것도 아니고, 부정 청탁을 받은 것도 아닌데 말이죠. 그러나 아주 사소한 것부터 비윤리적 태도를 알아차리는 것, 즉 윤리적 민감성을 높이는 것이 좋은 어른이 되는 출발점이라는 것을 다시 한 번 상기해야 합니다.

하나의 현상(결과)에는 반드시 원인과 시작점이 있죠. 시작은 언제나 아주 사소해요. 너무 사소해서 오히려 인지하지 못할 수 있습니다. 그러나 올바른 결과를 기대하는 어른이라면 사소한 것부터 바로잡아야 합니다. 사소한 문제를 바로잡는 것이 심각한 문제를 바로잡는 것보다 훨씬 수월하고 비용도 적게 듭니다. 만약 이 글을 보는 당신이 한 조직의 리더라면 조직원들의 아주 사소한 일탈과 변화를 눈여겨보세요. 그리고 원칙을 벗어난 언행이 보인다면 주저 말고 바로 수정할 것을 요구하세요. 그것이 가장 효율적으로 조직을 관리하는 방법입니다.

직장 내 가해자 프로세스의 첫 번째는 의도 여부를 떠나 피해자의 입장에서 사건을 바라보는 것입니다. 앞에서 언급한 EAAE 단계를 거치는 것이 좋습니다. 공감적 경청-사과-수용-성찰의 노력 말입니다. 직장 내 비윤리의 피해는 특정 개인에 머물지 않고 조직까지 확대됩니다. 그러므로 가해자 자신으로 인해 피해를 입은 개인과 조직에게 책임을 져야 하겠죠.

책임은 크게 두 가지 측면에서 다룰 수 있습니다. 정서적 측면과 실제적 측면인데요, 두 가지 중 어느 하나만으로는 진정으로 책임을 다했다고 볼 수 없습니다. 그리고 책임의 범위도 결과와 과정, 두 가지 측면으로 나눠볼 수 있는데요, 의도와는 상관없이 결과적으로 누군가에게 피해를 주었다면 당연히 책임을 져야 합니다. 그런데 만약 누구에게도 피해를 주지 않는 비윤리적 행위를 했다면 이것도 책임질 필요가 있을까요?

여기 도로 위를 달리고 있는 사람이 있다고 칩시다. 퇴근 시간이라 병목현상으로 차가 길게 늘어서 있습니다. 그는 지금 끝 차선으로 이동해야 하는데, 그러려면 족히 30분은 기다려야 합니다. 기회를 엿보며 천천히 주행하는데, 마침 끝 차선을 달리던 차가 주춤하며 천천히 가는 것이 그의 눈에 들어옵니다. 이때 앞 차와 간격이 벌어진 틈을 타서 그는 재빨리 끼어들어 끝 차선으로 옮깁니다. 이 과정에서 누군가에게 피해를 주지도 않았고, 교통정체를 일으키지도 않았습니다. 결과적으로는 누구에게도 피해를 주지 않았지만, 그의 행동을 윤리적으로 올바른 행동이라고 할 수 있을까요?

결과적으로 말하자면 윤리적인 행동이라고 하기 어렵습니다. 30분 이상 정체될 것을 알고 미리 대기한 차량들은 상대적 불편을 느꼈을 것이며, 당신의 행동을 지켜본 누군가는 '나도 기회를 봐서 끼어들어야지. 미리 차선을 옮겨서 기다리는 것은 바보 같은 짓이야'라고 생각할 것입니다. 잘못된 행위가 용인되는 것을 학습하는 것이죠. 혹시라도 적발되더라도 내가 잘못해서가 아니라 운이 없었던 것이라고 생각하기 쉽습니다. 그렇다면 이건 어떤가요?

코로나19로 확산금지를 위해 5인 이상 모임이 제한되었습니다. 그러나 오랜만에 지인 5명과 만나게 되었습니다. 아무도 코로나19에 확진되지 않았으며, 발현증상도 없습니다. 카페에서는 5인 이상 집합 금지라고 하지만, 금방 커피만 마시고 나갈 것이라고 다른 매장도 다 이런다고 요즘 같은 때 매출을 위해서라도 잠깐만 봐달라고 부탁합니다. 우리에게 편의를 봐준 카페에 감사해서 평상시보다 더 많은 제품을 구매했습니다. 이 현상은 결과적으로 아무에게도 피해를 주지 않았지만, 윤리적 행동이었을까요? 그렇지 않죠. 이처럼 우연에 기대는 행태는 결코 투명한 다음을 약속할 수 없습니다.

일상에서 작은 비위 행위가 많이 수용될수록 사람들은 공적 서비스와 사회 시스템에서 예외를 기대하게 됩니다. 우연히 빠져나올 수 있으리라고 기대하면서 더 많은 비위 행위를 저지르는 데 주저하지 않습니다. 우리 사회는 누구에게나 공정해야 합니다. 그리고 공정한 사회를 만드는 올바른 시스템을 거버넌스Governance라고 합니다. 이는 윤리경영의 지속가능성을 위한 시스템적 지배구조라고 이해할 수 있어요. 일상의 사소한 지점에서 공정한 프로세스가 가동되지 않는다면 공정한 기업과 공정한 사회는 결코 실현될 수 없습니다. 지금 나에게만 예외를 두는 것은 공정한 시스템이 아니고 윤리경영이 아닙니다. 내로남불은 절대적으로 위험한 발상임을 잊지 말아야 합니다.

직장 내 비윤리 대응 수칙 2 : 피해자 프로세스

그렇다면 피해자들은 어떻게 대처해야 할까요? 직장 내 누군가가 당신에게 비윤리적 행위를 강요한다고 가정해봅시다. 강압에 의해 어쩔 수 없이 비윤리적 행위를 한 당신은 피해자일까요, 가해자일까요? 아이러니하게도 명백한 가해자입니다. 비윤리적 행위의 실행자이고, 누군가 혹은 조직에 부정적 영향을 미쳤기 때문이죠. 그러므로 억울한 가해자가 되지 않기 위해서라도 비윤리적 행위를 단호하게 거절할 수 있어야 합니다.

'권위에 대한 복종' 실험을 진행한 스탠리 밀그램은 "상부의 불합리한 명령에 반항할 수 있는 유일한 방법은 바로 그 권위자와 관계를 완전히 단절하는 것"이라고 충고했습니다. 지금과 같은 불합리한 명령뿐 아니라, 비윤리적 피해를 당했을 때 피해자가 가장 먼저 취할 행동은 거절 혹은 거부 의사를 밝히는 것입니다. 위계질서가 필요한 조직에서 거절의사를 밝히기란 쉽지 않은 일임은 분명합니다. 그러나 거절하는 것이 더 큰 피해를 줄이는 현명한 방법임은 분명합니다. 물론 거버넌스 관점에서 거절이 용이한 프로세스를 갖추고 있는 조직이라면 더욱 효과적이겠죠. 이것은 제3자 프로세스에서 조금 더 다뤄보겠습니다.

두 번째는 증거 자료를 수집하는 것입니다. 외압을 받았거나 피해 사실을 입증할 객관적 자료를 수집하는 것인데요, 이메일, 문자, 통화 내용, 일기, 메모 등 그 어떤 것이라도 좋습니다. 불합리한 상황을 입증할 자료를 수집하고, 육하원칙에 따라 객관적인 사실을 기록해두면 도움이 되지만, 그때의 감정상태를 기록한 일기나 메모 등도 훌륭한 증거 자료로 기능할 수 있습니다. 기억하시죠? 자신이 관여된 음성녹음이나 영상촬영은 불법이 아닙니다. 그러니 대면응대보다는 기록이 가능한 방법으로 의사소통하는 것이 더 도움이 되겠습니다.

세 번째는 도움을 요청하는 것입니다. 사내 구제기관에 신고하거나 사안에 따라 경찰 혹은 국민권익위원회에 신고합니다. 혼자서 판단하기 어렵다면 자문기관에 문의하거나 지인에게 도움을 요청해보세요. 중요한 것은 혼자 판단하고 혼자 고민하지 말라는 것입니다. 당신보다 힘이 센 가해자를 혼자 상대할 수는 없습니다. 그러니 반드시 누군가에게 피해 사실을 밝히고 도움을 청하세요.

때에 따라 피해자가 피해 사실을 밝히기 어려운 경우도 있습니다. 침묵을 강요받거나, 피해자다움을 요구받는 경우도 있습니다. 그러나 침묵으로는 그 어떤 것도 해결할 수 없어요. 피해상황에서 절대 빠져나올 수 없습니다. 대한민국 미투 운동의 첫걸음을 뗀 서지현 검사는 좌담회에서 이렇게 말했습니다.

"피해자다움 따위는 없습니다. 가해자야말로 가해자다움, 범죄자다움을 장착해야 합니다. (중략) 피해자는 보호받아야 하고 가해자는 처벌받아야 합니다. 누군가 정의를 말하기 위해, 진실을 말하기 위해 모든 것을 불살라야 하는 이 비정상적인 시대는 이제 끝나야 합니다."[34]

만약 지금 당신이 피해자라면, 조금 더 적극적으로 방어하고 도움을 요청하세요. 당신의 목소리에 침묵하지 않고 편이 되어줄 사람들이 있을 것입니다.

직장 내 비윤리 대응 수칙 3 : 제3자 프로세스(동료)

제3자에게 가장 필요한 것은 방관자가 되지 않는 자세입니다. 앞서 학교폭력 대응 프로세스에서도 언급한 바와 같이 비윤리적 행위를 방관하는 것은 중립의 자세가 아니라 암묵적으로 동의하는 가해자의 자세입니다. 그러므로 제3자에게는 앞선 폭력대응 프로세스와 동일하게 공감적 태도 기반으로 피해자 중심의 사고가 요구됩니다.

두 번째는 가해자에게 멈추라고 요구하는 것입니다. 그만한 용기가 나지 않는다면 적어도 가해자의 행위를 알고 있음을 피해자에게 알려주세요. 그것만으로도 피해자에게 심리적 지지의 효과를

---

34. 미투 1주년 좌담회, 2019

줍니다.

세 번째로는 파수꾼이 되는 것입니다. 심리학에는 '검은 양 효과'라는 이론이 있습니다. 흰 양들 사이에 검은 양이 있으면 천적에게 쉽게 노출되므로 검은 양을 공동체 안에서 배제하므로 생존한다는 이론입니다. 이 이론처럼 우리 인간 역시 공동체에 위해를 가하는 존재를 구별해내고 배제함으로써 자신과 공동체를 지켜내며 진화해왔습니다. 그렇다면 우리 조직의 검은 양은 누구일까요? 시대의 윤리적 요구를 거스르며 조직의 존립에 위해를 가하는 사람은 누구일까요? 그들, 혹은 그런 관행으로부터 스스로와 조직을 지켜내려는 노력이 파수꾼의 자세라고 봐야 합니다. 피해자뿐 아니라 일터의 안전을 해치려는 움직임이 있는지 지켜보는 것이죠. 비윤리적인 상부의 명령을 거절하기는 힘듭니다. 그러나 불가능한 일 또한 아닙니다. 그러므로 견제하는 시선이 많아지도록 제도를 개선하고, 피해자가 보호받을 수 있는 문화를 형성하는 것이 중요합니다. 사실 이런 변화가 위에서 시작되는 경우는 매우 드문 일입니다. 일단 제도를 개선하는 데 많은 시간과 비용, 그리고 노력이 필요하기 때문이죠. 그러나 결국 피해자를 보호하고 견제의 자세를 갖는 것은 피해자 당사자만을 위함이 아니라 구성원인 나 자신을 위함이요, 우리 조직의 지속가능함을 위함임을 기억해야 합니다. 우리는 모두 이 일의 당사자들이니까요. 그러니 우리 스스로 피해자는 "○○야만 해"라는 '피해자다움'을 강요하지 말고, 건강한 파수꾼의 시각을 갖도록 노력해야 합니다.

파수꾼은 위험이 닥치면 나팔을 불어서 아군에게 알립니다. 그 위험이 우리 모두의 일임을 잘 알고 있기 때문이죠. 이처럼 우리에게도 조직 내 비윤리적 이슈를 우리 모두의 일로 바라보고 해결해 나가려는 성숙한 자세가 필요하지 않을까요? 행복한 우리의 일상을 위해 방관자가 아닌 파수꾼이 되어야 한다는 것, 잊지 마세요.

직장 내 비윤리 대응 수칙 4 : 제3자 프로세스(조직)

조직문화, 특히 기업윤리와 관련된 문화가 개선되는 과정은 철저하게 톱다운top-down 방식으로 진행될 때 가장 효과적입니다. 상부에서 하부로 내려오는 것이죠. 이런 이유에서 거버넌스governance적 시스템이 존재할 때 기업 내 지속적 실현이 가능합니다. 조직은 배제되는 구성원이 없도록 안전하고도 촘촘한 시스템을 구축해야 합니다. 이 거버넌스의 구체적 실행방법이 윤리경영입니다. 조직 내 거버넌스는 조직이 나아가야 할 비전과 핵심 가치 등을 기반으로 만들어져야 합니다. 윤리경영은 법이 아닌 문화와 철학과 가치로 통제하는 경영 방식이기 때문입니다.[35]

그러나 추상적 가치 중심의 시스템으로는 조직적인 실행을 이끌어낼 수 없습니다. 그러므로 조직은 반드시 윤리 이해관계자들

---

35. "한국의 윤리경영", 김기찬·송창석·박은규 공저, 프리이코노미북스, 2014

을 고려하여 구체적인 세부 항목을 수립할 필요가 있습니다. 모든 기업에는 취업규칙이 존재합니다. 비윤리적 이슈를 어떻게 조직차원에서 처리하고 가해자, 피해자에게 어떻게 응대할 것인지가 기술되어 있어요. 그러나 구체적이지 못하다면 조직원의 입장에서 이해할 수 있도록 보완할 수 있어야 합니다. 직장 내 윤리 규정은 구체적이지 않으면 제대로 실행되지 않으니, 어느 관점에서 보더라도 왜곡이 없도록 명쾌하게 적시되어야 합니다.

윤리 이해관계자들을 모두 고려해서 세부 항목을 수립하기란 말처럼 쉽지 않지만 모든 사람들에게 적용되는 보편적인 개념이 있습니다. 인간의 존엄, 안전, 생명 등이 그것이죠. 그러나 이 개념 역시 이해관계자 모두를 만족시키는 기준을 만들기란 쉽지 않습니다. 상충되는 이해 상황 중 기준을 정하기가 어려운 것인데요, 이런 상황을 윤리적 딜레마 상황이라고 앞서 설명드린 것 기억하시죠?

이런 상황에서 기준을 만들 수 있는 하나의 대안이 존 롤스가 《정의론》에서 제시한 무지의 베일Veil of Ignorance이라는 개념입니다. 어떤 정책을 수립할 때 이해당사자들이 자신들의 유불리를 모르는 상황에서 최선을 선택하도록 돕는 의사결정 방법입니다. 구체적으로 예를 들어볼게요. 당신이 태아라고 생각해보세요. 그런데 생각도 할 수 있고, 환경을 변화시킬 능력도 있습니다. 다만 어떤 부모를 만날지, 어떤 환경에서 태어날지는 스스로 선택할 수 없습니다. 이것은 제비뽑기를 통해 결정되죠. 운이 좋다면 안전하고 부유한 환경에서 태어날 수도 있지만, 위험하고 불우한 환경에서 태어날 가능성도 있습니다.

사유하는 태아라면 어떤 환경을 조성해야 안심하고 제비뽑기를 할 수 있을까요? 당신이라면 어떤 환경을 만들겠습니까? 바로 이런 상황을 무지의 베일이라고 합니다. 존 롤스는 이런 환경을 위해 하나의 상상력이 필요하다고 주장합니다.

'내가 지금과 다른 환경에서 태어났다면 어땠을까?'라는 상상이 죠. 이것은 상대의 삶을 시뮬레이션해보는 공감적 태도입니다. '지금 내가 당연하게 누리는 것이 누군가에게는 노력해도 누릴 수 없는 일종의 혜택은 아닐까?'라는 공감적 상상력인 셈이죠. '오늘도 우연히 살아남았다'[36]는 자조 섞인 안도가 아닌, 당연히 안전을 보장받을 수 있는 시스템을 정착시키는 것, 그것이 구성원과 사회에 대한 최소한의 사회적 책임CSR일 것입니다.

때로는 조직원이 개인적 일탈로 비윤리적인 행위를 할지도 모릅니다. 그러나 조직은 이런 비윤리적 행위를 조직 내 리스크risk로 인식하고 촘촘히 걸러낼 수 있는 거버넌스 측면의 시스템을 가동해야 합니다. 그래야 우리 조직이 건강하게 지속가능할 테니까요.

다음 단계는 인식 개선과 교육, 그리고 독려입니다. 몇 번을 강

---

36. 연합뉴스, 2019.05.17. "강남역 살인 3주기 추모제 '오늘도 우리는 우연히 살아남았다'"

조해도 과하지 않을 정도로 중요한 단계입니다. 이것은 우리 조직을 윤리적 체질로 바꾸는 것과 같습니다. 마치 다이어트를 해서 건강한 몸을 만드는 것처럼 말이에요. 무조건 먹지 않는다고 다이어트에 성공하는 것이 아니죠? 먹는 양을 줄이다 보면 일정 시간이 지나서 정체기가 옵니다. 몸이 에너지를 보호하도록 시스템을 전환하기 때문입니다. 이때 멈추면 흔히 말하는 요요현상이 오기 때문에 먹는 양을 조금씩 줄여나가면서 꾸준히 운동을 병행해야 몸에 근육이 붙고 기초대사량이 증가해서 살이 찌지 않는 체질로 바뀐다고 전문가들은 조언합니다. 우리 몸의 체질을 바꾸는 데도 오랜 노력이 필요한데, 거대한 조직의 체질을 한두 번의 격려와 교육만으로 바꿀 수는 없습니다. 윤리적인 문화를 만들기 위해서는 지속적으로 윤리의 필요성을 강조하고 윤리 기준을 교육하여 조직 내 윤리 근육을 높여야 합니다. 그래야 정체기 없이 윤리적인 체질로 바뀔 수 있습니다.

고객들의 신뢰를 받는 윤리적인 조직을 만드는 방법은 반드시 존재합니다. 그 시발점은 바로 나 자신입니다. 내가 할 수 있는 작은 것부터 인지하고 실천하는 것, 그 작은 노력이 위대한 변화의 시발점입니다.

chapter 4

오늘보다 조금 더 좋은 어른

Ethics Class

다수가 반드시
옳은 것은 아니다

'아니오'를 외치는 첫 번째 펭귄

대다수 사람들이 늘 옳은 선택을 할까요? 그렇지는 않을 겁니다. 그러나 일상에서 대다수 사람들이 나와 다른 생각을 하고 있다면 그 앞에서 선뜻 내 의견을 말하기가 쉽지는 않아요. '내가 혹시 잘못 생각하고 있는 것은 아닐까?'라는 자기불신에 더해서 '내가 이상한 사람으로 보이는 것은 아닐까?'라는 소외감과 두려움이 뒤따르는 까닭이죠. 모두가 '예'라고 말할 때 '아니오'라고 말할 용기를 낼 수 있을까요?

사회심리학자 솔로몬 애쉬Solomon Eliot Asch는 재미있는 실험을 하나 진행했습니다. 7명의 참가자들에게 하나의 선을 보여준 다음 각각 길이가 다른 3개의 선을 보여줍니다. 물론 3개의 선 중에는 앞서 보여준 하나의 선과 동일한 길이도 있습니다. 그러고 나선 참가자들에게 처음 보여준 선과 같은 길이의 선이 어떤 것인지 물어봅니다. 여기에서 피실험자는 단 한 명뿐이고 나머지 6명은 실험 도우미들입니다. 6명의 실험 도우미는 하나같이 오답을 말합니다. 이 상황에서 몇 퍼센트의 피실험자가 정답을 맞혔을까요? 놀랍게도 정답자의 비율은 63퍼센트에 불과했습니다. 혼자 있는 상황에서는 정답률이 99퍼센트였다는 것을 감안하면, 나머지 37퍼센트는 길이가 다르다는 것을 알면서도 틀리게 대답했다는 것을 알 수 있습니다. 솔로몬 애쉬는 이러한 성향을 동조 현상conformity이라고 불렀는데요, 동조 현상은 2명이 있을 때는 나타나지 않았지만, 3명일 경우 가장 강하게 나타났습니다.

동조 현상은 우리 일상에서도 쉽게 볼 수 있습니다. 무단횡단을 하면 안 되는 것을 알고 있지만, 여러 사람이 무단횡단하는 것을 보면 자신도 동참하는 현상이 대표적입니다. '그럴 수도 있지' 혹은 '여기는 원래 다 이렇게 하는 건가 보다'라고 스스로를 설득하면서 말이죠. 일상 속 단순 일탈뿐 아니라 학교 내 왕따와 직장 내 괴롭힘에 침묵하는 것 역시 동조 현상에 기인합니다. 피해자를 돕고 싶지만 자칫 나도 괴롭힘을 당할지 모른다는 두려움과 다수로부터 외면당할지 모른다는 두려움이 동조 현상을 강화하죠.

여기에는 나만의 잘못이 아니라는 안도감, 즉 책임감을 나누려는 심리도 존재합니다. '나만 잘못한 게 아니니 쉽게 비난받거나 처벌받지는 않을 거야'라는 심리와 '누구라도 내 입장이었다면 이렇게 할 수밖에 없었을 거야'라는 자기합리화 말입니다.

윤리적 딜레마 상황에서 머릿속이 복잡하고 어떤 선택을 해야 할지 모를 때는 한 가지만을 생각하세요. 바로 본질이죠. 본질은 아주 간단명료합니다. 복잡하고 군더더기가 많다면 본질이 아닐 것입니다. 여기서 뜻하는 본질은 뭘까요? 바로 윤리적 가치입니다. 보편적 가치라고도 표현할 수 있죠. 우리가 일상 속에서 윤리적 가치의 기준을 명확하게 알고 있을 때 올바른 선택을 할 수 있습니다.

다시 애쉬의 동조 실험으로 돌아와봅시다. 실험은 여러 가지 변수를 두었는데, 그중 오답률이 25퍼센트나 감소한 경우가 있었습니다. 어떤 경우였을까요? 놀랍게도 실험 도우미 중 단 한 명이라도 다수가 말하는 답과 다른 답을 말했을 경우입니다. 그 경우에는 오답률이 무려 25퍼센트나 줄어들었습니다.[37] '아니오'를 말할 용기가 필요한 이유가 여기에 있습니다. 바른 판단을 내리는데 그 시발점이 되어주기 때문입니다.

---

37. 네이버 지식백과, "동조이론"

단 한 사람이라도 용기를 내면 다른 누군가도 용기를 냅니다. 남극에 사는 펭귄들은 먹이를 구하기 위해 바다로 뛰어들기 전에 빙하 위에서 머뭇거린다고 합니다. 그때 한 마리가 먼저 바다로 뛰어들면 그다음부터는 모든 펭귄들이 머뭇거리지 않고 일제히 바다로 뛰어든다고 합니다. 처음 바다에 뛰어든 펭귄을 첫 번째 펭귄first penguin이라고 부릅니다. 첫 번째 펭귄의 용기가 나머지 펭귄들의 용기를 이끌어내는 역할을 한 것이죠.

모든 일에는 처음이 있는 법이고, 첫 번째 시도하는 사람이 있게 마련입니다. 우리는 대다수가 "그럴 수 있지"라고 말할 때 "아니요. 그러면 안 됩니다"라고 말하는 첫 번째 펭귄이 되는 연습을 해야 합니다. 진실과 윤리가 더 자주 이기도록 말이죠. 적잖은 용기가 필요한 일이지만, 분명 우리에게 행복을 가져다줄 것입니다.

내부 고발, 배신자라는 낙인

선거 후보자 A와 B가 있습니다. A의 공약은 나의 가치관과 맞지 않는 것들이 많고, B의 공약이 더 마음에 듭니다. 그러나 그 지역에서 인지도가 높은 A의 지지율이 더 높습니다. 주변 사람들이 누구를 찍을 거냐고 당신에게 물어봅니다. 사실 B를 찍고 싶지만 왜 A를 찍지 않는지 구구절절 설명하기가 번거롭습니다. 더구나 B를 찍는 것은 대세를 따르지 않는 행동으로 보여질 것 같아 걱정입니다. 그래서 당신은 이렇게 얘기하죠. "아마 A를 찍을 것 같은데?"

그러면 주변 사람들은 "역시 현명한 판단이야"라고 동조합니다.

사실 나는 B라고 생각하는데 주변의 대다수가 A라고 하면 침묵했던 경험이 한 번쯤 있을 것입니다. 의견이 다른 다수 앞에서 내 의견을 말하지 못한 경험 말이죠. 이처럼 일종의 집단 압력을 느끼는 현상을 침묵의 나선이론이라고 합니다. 이것은 독일의 커뮤니케이션 학자 엘리자베스 노엘레 노이만Elisabeth Noelle Neumann이 제시한 개념입니다. 개인들은 각각 고유의 의견을 가지고 있지만, 고립에 대한 두려움과 주류에 속하고 싶은 강한 욕구로 인해 다수의 의견과 자신의 의견이 배치될 경우 침묵한다는 것입니다. 반대로 자신의 의견이 다수의 의견과 일치할 경우에는 강하게 표현한다고 합니다. 이러한 사회심리적 현상은 참과 거짓이 명백한 상황에는 적용되지 않으며, 윤리적인 문제나 공공 문제와 같이 주관적인 상황에서 나타납니다.[38] 정답이 없는 모호한 주제에서 이러한 경향을 보이는 것이죠.

그러나 아무리 모호한 주제라도 윤리적인 해결책을 도출하는 것이 가능합니다. 무지의 베일을 통해 의사 결정된 명확한 기준과 가이드가 바로 정답인 것입니다. 하지만 이해관계에 따라 정답이 오답으로 치부되기도 합니다. 그럴 때 아니라고 말하는 사람을 우리는 '내부 고발자'라고 합니다. 내부 고발자는 영어로 'whistle

---

38. 네이버 지식백과, "침묵의 나선 이론"

blower', 즉 '호루라기를 부는 사람'이라고 하는데요, 비윤리적인 행위를 하는 사람을 커튼 뒤에서 몰래 지켜보다가 호루라기를 불어서 알린다는 의미입니다. 조직 내에서 일어나는 불법이나 불의를 대외적으로 폭로하는 내부 고발자는 일반적으로는 조직 내의 방어적 보복적 대응을 받기 쉽습니다.[39] 그러므로 내부 고발에 대한 개인의 부담은 늘 클 수밖에 없습니다.

사후 불이익을 받을지도 모른다는 부담감뿐 아니라, 대다수 의견과 배치되는 자신의 신념에 대한 불신도 존재하는 것이죠. 한편으로는 조직을 와해하려는 '배신자' 내지는 '고자질쟁이'라는 비난을 받을지도 모른다는 부담감도 존재합니다. 그렇다면 이렇게 한번 생각해보세요. 과연 왕따가 놀이의 한 종류로 소비되는 교실이, 비용 절감이나 관행의 이유로 안전을 위협받는 일터가, 무지로 인해 불특정 고객의 생명을 위협하는 조직문화가 옳은 것일까요?

다수의 비윤리적인 의견과 나의 윤리적인 의견이 다르다고 침묵해서는 안 됩니다. 대다수가 옳지 않은 것을 당연하게 받아들이는 상황에서도 윤리적 민감성으로 문제를 인식하고 호루라기를 부는 용기가 필요합니다. 회사의 경우 구제 창구에 기명 또는 무기명 접수를 할 수 있습니다. 내부 고발이 공익 신고(건강, 안전, 환경, 소비자의 이익, 공정한 경쟁, 이에 준하는 공공 이익의 6대 분야)에 해당한

---

39. 네이버 지식백과, "내부고발"

다면 국민권익위원회에 접수하는 방법도 있습니다. 이때 기명으로 접수하는 것이 원칙이지만 변호사를 통해 비실명 대리 신고도 가능합니다.[40]

옳지 않은 현상을 바로잡기 위해 목소리를 내는 것은 배신자도 고자질쟁이도 아닙니다. 그들은 누구보다 용감한 사람입니다. 적어도 건강한 내일을 위해 무언가 실천하고 있으니까요. 지금 당장 목소리를 내지 않아도 됩니다. 다만 용감한 내부 고발자를 배신자나 고자질쟁이로 폄하하지 않는 것부터 시작하세요. 폄하하는 다수의 뒤에 숨지 않는 것만으로도 큰 용기를 내는 것입니다. 이런 생각과 행동이 성숙한 어른의 자세입니다. 보다 건강한 세상을 우리의 아이들에게 물려줄 수 있는 어른들 말입니다.

우리 주변의 CCTV를 켜라

요즘은 사건 사고가 발생하면 범인들의 동선을 비교적 빠르게 파악할 수 있습니다. 다름 아닌 CCTV의 활약 덕분입니다. 우리 주변 곳곳에 CCTV가 설치되어 있습니다. 엘리베이터, 골목 사이사이, 상점 내부, 심지어 차량의 블랙박스까지 우리를 지켜보고 있죠. 물론 CCTV가 사건 사고를 미연에 방지하지는 못합니다. 그러나 CCTV가 있다는 사실만으로도 범죄가 줄어드는 효과가 있습니

---

40. 파이낸셜뉴스, 2019.07.24. "제보는 순간, 고통은 영원… 공익제보 비실명 대리신고 창구 확대해야"

다.[41] 누군가 지켜보고 있다는 불안감과 반드시 적발될 것이라는 두려움이 작용하는 것입니다.

그러나 모든 구역에 CCTV를 설치해서 매 순간 놓치지 않고 지켜볼 수는 없습니다. 얼마 전 한 남자가 귀가하는 여성의 집까지 따라가서 범행을 저지르려다 미수에 그친 사건이 있었습니다. CCTV만으로는 범죄를 해결할 수 없다는 것입니다. 회사에서 부정한 방법으로 부당 이익을 챙기는 사람들, 학교에서 금품을 빼앗고 괴롭히는 아이들을 과연 CCTV로 잡아낼 수 있을까요?

여기에서 합리적인 의문이 생깁니다. 그들은 왜 비윤리적인 행위를 하는 것인가? 어쩌면 처음에는 양심이 정상적으로 기능하던 평범한 사람들이었을 텐데 말이죠. 이런 의문에 대해 드라마 〈비밀의 숲 1〉의 한여진 경위는 이렇게 말합니다.

"나는 당한 사람도 당한 사람이지만, 내가 매일 보는 동료들이, 내 옆의 완전 보통 사람들이 이러는 게, 난 이게 더 안 돼요. 이게, 받아들이는 게. 저 사람들이 죄다 처음부터 잔인하고 악마여서 저러겠어요? 하다 보니까, 되니까 그러는 거예요. 눈감아 주고 침묵하니까. 누구 하나만 제대로 부릅뜨고 짖어주면 바꿀 수 있어요. …… 얼마나 많은 사람들이 이런 이유로, 선택을 빙자한 침묵을 강

41. 세계일보, 2019.08.27. "설치만으로도 범죄율 뚝, CCTV사상 첫 100만대 넘어서"

요받을까요?"[42]

　완벽한 사람은 없습니다. 무결한 사람도 없죠. 인간은 본능적으로 자신의 이익을 추구합니다. 태어날 때부터 이기적이고 비윤리적 행동을 하기 쉬운 존재인 거예요. 그렇다고 비윤리를 정당화할 수는 없습니다. 사회는 '나'와 '너'가 '우리'가 되어 살아가는 공동체입니다. 이런 이유로 누군가의 부정을 개인의 도덕적 타락 때문이라고 치부해서도 안 됩니다. 절대 개인만의 문제가 아니기 때문이에요.

　라인홀드 니버는 《도덕적 인간과 비도덕적 사회》에서 개인의 도덕성은 사회집단에서 발휘되기 어렵다고 주장합니다. 여러 사람들이 모인 사회의 목적이 책임 분산과 집단이익 실현이라는 이유도 작용할 수 있겠지만 그보다는 개인의 도덕성 수준이 사회집단의 도덕성 수준을 넘어서지 못하는 한계 때문에 결과적으로 비도덕적 행동을 할 수밖에 없다는 뜻입니다. 다시 말하면 엄청 도덕적인 사람이라 하더라도 속한 사회집단의 도덕 수준을 넘어서는 의사결정이나 행동을 할 수 없다는 의미입니다. 이는 반대로 개인이 의사결정을 내릴 때 각자의 윤리성이 아무리 낮아도 조직 내 윤리성 수준만큼 끌어올린 의사결정을 내린다는 의미이기도 하죠. 그게 조직문화이고, 조직 내 의사결정 프로세스이기 때문입니다. 이

---

42. tvN 비밀의 숲, 8화

런 의미에서 우리는 개인의 비윤리적 행동을 단순히 개인의 일탈로 치부해서는 안 됩니다. 소극적인 시각으로는 반복되는 비윤리적 행위를 영원히 해결할 수 없습니다. 그렇다면 우리는 어떤 자세를 가져야 할까요?

조직 측면에서는 비윤리적 이슈가 발생했을 때, 개인의 도덕성에만 의존하지 말고, 조직 내 시스템의 오류 유무와 원칙대로 기능하지 못하는 이유는 무엇인지를 검토해야 합니다. 즉 비윤리적 이슈를 조직 내 문제로 바라보고 해결하려는 태도가 필요하다는 의미입니다.

또한 사회 측면에서는 사회 제도가 촘촘히 기능하도록 시스템을 구축하는 데도 힘을 기울여야 합니다.

그리고 또 하나, 가장 중요한 측면이 있는데요, 바로 소비자들의 감시와 견제입니다. 어떤 사회단체의 견제만을 의미하는 것이 아니에요. 소비자 주권의식을 가지고 우리의 CCTV를 가동시킬 수 있어야 합니다. 요즘을 1인 미디어 시대라고 합니다. 누구나 핸드폰 하나로 언제 어디서나 방송을 송출할 수 있습니다. 이는 누구나 의지만 있다면 적극적으로 소통할 수 있는 시대라는 것을 의미합니다. 물론 우리 모두 1인 방송가가 되자는 말씀이 아닙니다. 다만 우리의 감시 시스템을 가동하여 적극적인 소비를 하자는 겁니다. 각 개인이 CCTV가 되어 견제하고 대비한다면 감시자가 아니라 기업과 사회, 그리고 소비자인 우리 모두를 위한 파수꾼이 될 수 있습

니다. 그렇다면 자연스럽게 우리 사회는 보다 안전하고 건강해질
것입니다. 이게 바로 성숙한 좋은 어른의 참된 자세라고 단언할 수
있습니다.

윤리를 논할 자격

완전한 윤리는 없다

우리는 일상에서 윤리에 대해 이야기하는 것을 불편해합니다. 윤리를 몰라서, 윤리가 어려워서 그런 것이 아닙니다. 내가 윤리를 논할 만큼 윤리적인가 하는 의심을 품고 있기 때문입니다. 그렇다면 윤리를 이야기할 수 있는 자격은 무엇일까요? 윤리적인 사람만이 윤리에 대해 이야기할 수 있을까요?

성경에 부정한 여인의 이야기가 나옵니다. 부정한 그녀를 벌하기 위해 사람들이 돌로 치려고 할 때 예수께서 말씀하십니다. "너희 중에 죄 없는 자가 먼저 돌로 쳐라." 그 말을 듣고 사람들은 자리를 떠납니다. 양심의 가책을 느꼈기 때문이죠.

이런 이유에서인지 우리는 윤리에 대해 말하려면 윤리적으로 결함이 없어야 한다고 생각합니다. 그러나 이것은 오해이자 강박입니다. 결론적으로 말하자면 누구나 윤리에 대해 말할 수 있을 뿐 아니라 자주 말해야만 합니다. 이유는 아이러니하게도 우리가 윤리적으로 완전하지 못하기 때문입니다. 보다 더 윤리에 가까워지기 위해 대화하고, 토론하고, 학습해야 합니다. 윤리라는 주제가 일상대화 속에서 흔한 주제가 될수록 윤리적인 사회로 성장할 가능성이 높아집니다. 일상 속속들이 윤리적 이슈가 결부되어 문제를 예측하고 미연에 방지하는 기능이 발휘될 수 있기 때문이죠.

그렇다면 우리는 왜 윤리적인 사람만이 윤리에 대해 말할 수 있다고 오해하고 있었던 걸까요? 그 이유는 부정한 여인을 대하는 사람들의 태도에서 찾을 수 있습니다. 그들은 그녀가 부정한지 아닌지를 구별하거나 부정한 행위가 재발되는 것을 방지하기 위해 윤리적 잣대를 들이댄 것이 아닙니다. 단지 그녀를 심판하고 비난하기 위한 수단으로 '윤리'라는 도구를 활용했을 뿐입니다. 상대방을 비난하기 위해 윤리를 들먹인다면 윤리성이 자격 조건이 될 수 있습니다. 그러나 보다 좋은 세상을 만들기 위해 사회문제점을 파악하고 실천 방안을 모색하기 위해 윤리를 이야기할 때에는 그 어떤 자격도 요구되지 않습니다. 다만 어제보다 조금 더 성장한 윤리성이 있다면 대화가 좀 더 가치 있을 것입니다.

누군가를 비난할 목적이 아니라 우리 사회에 보편적 가치를 실현하기 위해 윤리에 대해 이야기한다고 가정해보세요. 이런 이야기를 하고 나면 우리의 사고와 행동이 그 즉시 바뀔까요? 윤리적 대화 혹은 토론을 했다고 해서 180° 바뀐 사고와 행동으로 변화될 수 있을까요? 아마 저를 포함한 대다수의 사람들에게는 불가능한 일일 겁니다. 실행에 옮기기까지는 많은 시간과 노력이 필요하니까요.

윤리가 실행으로 이어지기까지는 크게 4단계 과정을 거칩니다. 첫 번째는 윤리적 민감성을 높이는 단계입니다. 과거에는 당연했던 현상이 지금도 당연한지를 민감하게 바라보는 것이죠. 두 번째는 윤리적 판단력을 높이는 단계입니다. 윤리의 기준과 의미를 앎으로써 올바른 판단 기준을 정립하는 것입니다. 배우려는 단계이지만 아직 행동으로 이어지지는 않습니다. 세 번째는 윤리적 의사 결정력을 높이는 단계입니다. 명확하게 정립된 판단력을 바탕으로 윤리적 딜레마 상황에서 윤리적인 의사 결정을 내리는 것입니다. 이것은 정서적 실행의 단계라고 볼 수 있습니다. 네 번째가 윤리적 실행력을 높이는 단계입니다. 이렇게 복잡한 윤리적 의사 결정 과정을 통해 행동으로 실현하는 것이죠.

윤리가 일상에서 실현되기까지 각각의 단계를 내재화하는 데도 상당한 시간이 걸립니다. 그런데 어떻게 윤리에 대해 대화했다고 뚝딱 실현되기를 바랄 수 있을까요? 윤리에 대해 진중한 대화를 나눴다고 해서 지금 당장 완전해질 수는 없습니다.

당신은 하루를 좀 더 알차게 보내기 위해 내일부터 새벽 5시에 일어나 책을 읽기로 결심합니다. 무슨 책을 읽고 아침 시간을 어떻게 활용할지도 이미 계획을 세워두었습니다. 그런데 매일 아침 7시 30분에 일어나던 사람이 5시에 일어나기란 여간 어려운 일이 아닙니다. 심지어 겨울철이라면 해도 늦게 뜨고, 새벽은 유난히 춥기도 하죠. 지난밤에 밀린 일을 하느라 늦게 잠드는 날도 많습니다. 첫날 울리는 알람을 꺼버리고 눈을 뜨니 7시 30분입니다. 스스로가 실망스럽긴 하지만 이내 다짐합니다. '내일부터는 꼭 일찍 일어나야지. 오늘 저녁에 친구와 술 약속이 있는데 좀 일찍 파하고 들어와서 자야겠다.'

다음 날 아침 여전히 당신 몸은 천근만근입니다. 겨우 눈을 떠 보니 7시입니다. 5시는 무리인가 싶기도 하지만 그래도 또다시 다짐합니다. 그다음 날도 5시에 일어나지 못할지도 모릅니다. 하지만 5시에 일어나기 위해 다양한 방법을 찾아보고 생활 습관을 바꿔나갈 겁니다. 하루하루 조금씩 변화할 것이고, 언젠가는 5시에 일어나서 여유롭게 커피 한잔을 마시며 책을 읽는 당신을 만나게 될 것입니다.

이처럼 모든 일을 계획하고 다짐한다고 해서 당장 완벽하게 잘해 낼 수 없습니다. 우리는 불완전한 존재이니까요. 그런데 왜 유독 '윤리'와 관련해서는 완전무결해야 한다고 생각할까요? 이것은 일종의 강박입니다. 누구나 윤리적으로 행동할 수 있고, 윤리에 대해 잘 알고 있다고 착각하기 때문에 나타나는 강박입니다. 우리는 생각보다 윤리에 대해 잘 모릅니다. 보편적 윤리를 어떻게 실천해야 하는지 구체적인 방법은 더더욱 알지 못합니다. 그렇기에 윤리적으로 행동할 수 없는 경우가 훨씬 더 많아요. 그런데 어떻게 당장 완전무결해질 수 있을까요? 어떻게 늘 윤리적인 행동만 할 수 있을까요? 이것은 의지의 문제가 아니라 앎의 문제입니다. 자주 이야기할수록 윤리에 대해 더 많은 것을 알게 됩니다. 다른 사람들의 다양한 성공 경험을 통해 새벽에 일어나는 방법을 알 수 있듯이 말이죠.

윤리적으로 보다 좋은 사람이 되기 위해서는 윤리가 무엇인지, 어떻게 하는 것이 윤리적인지 다양하게 아는 것이 도움이 됩니다. 그러니 윤리를 말할 수 있는 자격에 대해 고민하기 전 우리가 먼저 생각해봐야 하는 것은, '왜 윤리에 대해 이야기하는가?' '윤리가 우리 삶에 어떤 쓰임이 있느냐?' 바로 이 질문입니다. 윤리에 대해 자연스럽게 대화할 수 있어야 더욱 윤리적인 사회를 만들 수 있어요. 반드시 윤리적인 사람만 윤리를 논할 수 있는 것은 아닙니다. 우리는 윤리적으로 완전하지 못하기 때문에 더더욱 윤리에 대해 이야기해야 합니다. 결과물이 지금 당장 나타나지 않아도 됩니다. 우리 안의 윤리성이 매일 조금씩 성장하는 것으로 충분합니다. 그러한 노력만으로도 당신은 이미 좋은 어른으로서의 충분한 자격을 갖추었으니까요.

윤리 근육 만들기

자기결정권은 대한민국 헌법에서 정하는 권리입니다. 국가 권력의 간섭 없이 일정한 사적 사항에 관하여 스스로 결정할 수 있는 자의적 권리를 말합니다.[43] 자기결정권은 주체적인 삶을 위해 중요한 개념입니다. 성인이 되면서 우리는 매 순간 스스로 판단하고 선택하며, 결과를 책임집니다. 그렇다면 윤리적 자기결정권을 높이기 위해서는 무엇이 필요할까요? 앞에서 가볍게 살펴본 윤리적 민감성, 윤리적 판단력, 윤리적 의사결정력, 윤리적 실행력입니다. 네 가지 요소에 대해 좀 더 자세히 살펴보겠습니다.

첫째, 윤리적 민감성은 윤리를 구분하는 일종의 안테나 역할을 합니다. 문제가 되는 상황을 민감하게 인식하는 것이죠. 다른 말로 윤리적 감수성이라고도 합니다. 윤리적 민감성이 높은 사람들일수록 윤리적 문제의식도 높기 때문에 결과적으로 윤리적 실행력이 높아집니다. 윤리적 민감성을 높이는 방법은 윤리 이해관계자를 명확히 인지하고, 그들에게 어떤 영향을 미칠지 그들 입장에서 생각해보고, '왜?'라는 합리적 의문을 던지는 것입니다.(chapter 1의 '윤리적 민감성을 높이는 3가지 방법' 참조)

---

43. 위키백과, "자기결정권"

둘째, 윤리적 판단력은 앎을 구체화하는 단계입니다. 윤리 이해 관계자들이 누구나 공감할 수 있는 기준을 알고, 필요하다면 만들어내는 것입니다. 여기에는 법률, 사내 규칙, 매뉴얼, 조직문화 등이 포함되지만 법만을 기준으로 삼을 경우 높아진 내외부의 의식 수준에 미치지 못해 문제가 야기될 수 있음을 알아야 합니다. 그러므로 조직은 구성원들과 함께 윤리적 합의를 이끌어내야 하기에 시간, 노력, 비용이 많이 투자되는 단계입니다.

셋째, 윤리적 의사결정력은 윤리적 딜레마 상황에서 내재화된 윤리적 판단 기준으로 의사를 결정하는 능력을 말합니다. 윤리적 판단력이 의식적 실행력으로 발현되는 단계죠. 윤리적 판단 기준이 구체적이고 현실적이라면 의사 결정 시간은 획기적으로 줄어들 것입니다. 일상과 업무에서 불필요한 고민을 하지 않아도 되므로 구성원의 피로도도 낮출 수 있는 좋은 방법이죠. 이런 측면에서 윤리는 추상적인 좋은 말 대잔치가 아닙니다. 삶의 프로세스를 간단명료하게 만들어주는 획기적인 도구입니다. 윤리 가이드가 있는데도 의사 결정이 어렵다고 느껴진다면 조직의 윤리적 기준을 다시 한 번 살펴보세요. 분명 추상적이거나 중의적인 항목이 있을 것입니다. 단지 구색만 맞춰놓듯이 말이에요. 조직 내에서 윤리를 실천하기 어렵다고 생각된다면 구체적이고 현실적인 판단 기준이 있는지도 살펴보세요. 이것만 명확해도 삶과 업무가 훨씬 명료해질 것입니다.

넷째, 마지막 윤리적 실행력은 용기가 필요한 단계입니다. 남들은 실행하지 않는 행동을 윤리적 기준으로 실행하는 용기 말입니다. 실행 단계에서는 용기와 함께 '책임'이라는 단어를 염두에 두어야 해요. 결과뿐 아니라 과정을 고려해서 정서적 보상과 실제적 보상이 모두 이루어져야 책임을 다하는 성숙한 태도라는 것을 이제는 기억하시죠? 이것은 윤리 프로세스에서 가장 핵심적이면서도 결실을 맺는 단계입니다.

앞선 네 가지 프로세스를 통해 윤리가 삶에 각인되었을 때 비로소 윤리 근육이 만들어졌다고 할 수 있습니다. 일종의 윤리적 기초대사량을 높인 결과이죠. 기초대사량은 우리가 살아가기 위해 필요한 최소한의 에너지입니다. 똑같이 음식을 먹어도 어떤 사람은 살이 안 찌고, 어떤 사람은 살이 찌는 이유가 체내의 근육량 때문이죠. 근육량이 높은 사람일수록 기초대사량이 높다는 것을 의미합니다. 근육이 많을수록 외부의 자극에도 빠르게 회복할 수 있으며, 예전에는 무겁게 느껴지던 아령도 점차 가볍게 느껴집니다.

윤리도 이와 마찬가지입니다. 건강한 삶을 위해서는 꾸준히 윤리 근육을 만들어야 합니다. 윤리 근육이 생기면 윤리적 딜레마 상황에서 의사 결정도 쉽고 삶도 그만큼 가벼워집니다. 윤리 근육이 많아진 개인이 점차 늘어나면 이 사회의 윤리 근육 또한 차츰 강화될 것입니다. 그 안에서 윤리 근육으로 무장한 개인은 윤리적 자기 결정권을 주체적으로 행사할 수 있습니다. 당신의 삶을 보다 간결

하고 강력하게 만드는 것, 윤리적 자기결정권을 높이는 데서 시작
할 수 있습니다.

선한 것과 어리숙한 것

'윤리 선생님 = 고리타분한 선생님'이라는 등식이 왠지 어색하
지 않습니다. 원칙만을 고수하므로 말이 안 통할 것 같다는 일종의
고정관념 때문인지도 모르겠습니다. 그렇다면 '선한 사람 = 어리숙
한 사람'은 어떤가요? 이 등식도 왠지 어색하지 않습니다. 우리는
오랫동안 착하게 살면 손해 본다는 말을 들어왔습니다. 원칙만 내
세우면 따돌림을 당할 수 있다고 묵시적으로 용인하며 살아온 것
이 사실입니다. 그렇다면 이기적으로 사는 것이 과연 잘사는 것일
까요?

앨런 패닝턴은 《이기적 이타주의자》에서 이기심과 이타심은 배
치되는 개념이 아니라 융합될 수 있는 개념이며, 사회가 이런 움직
임을 더욱 가속화하고 있다고 말합니다.

이기적 이타주의자란 "나를 위해 물건을 사고 싶은 욕망, 나 자
신에게 가장 좋은 것을 하는 것, 나에게 이익이 되는 것을 하고자
하는 욕망, 하지만 그것이 환경과 생태계 그리고 다른 사람들에게
어떤 피해도 입히지 않으며 동시에 다른 사람을 돕고자 하는 욕구
가 결합된 사람"이라고 정의합니다.

또한 이기적 이타주의자는 시대적 트렌드라고도 덧붙였습니다.

"소비자들은 자신을 위해 최선의 것을 원하겠지만, 그것은 꼭 타인의 희생을 전제로 하지 않는다. 이것은 이기적 이타주의 시대를 예고한다. 이것은 새로운 세계적 윤리관이며 예상보다 빠른 속도로 진행 중이다."[44]

자신의 이익을 추구하는 이기심은 반드시 누군가에게 피해를 입힌다는 개념은 일종의 고정관념이라는 것이죠. 그리고 자신이 원하는 것을 성취하려는 이기심을 충족하기 위해 누군가의 성장을 돕는 이타심이 동력으로 작용할 수 있다는 것입니다.

주변에 동료 A가 있습니다. 자신에게 이익이 되는 일에는 열심이지만 손해가 되는 일은 최대한 피합니다. 인간관계 역시 자신에게 도움이 되는 전략적 관계만을 선호하죠. 동료 B는 받은 만큼 되돌려주는 사람입니다. 남에게 피해를 끼치지도 않고 도움을 받으면 반드시 되돌려줍니다. 반대로 피해를 입으면 상응하는 조치를 취하는 사람이기도 합니다. 또 다른 동료 C는 받는 것과는 무관하게 주변 사람들에게 베풀기를 좋아합니다. 간혹 손해를 보더라도 늘 상대방의 성장을 최우선 가치로 여기죠.

A, B, C 중 조직 내에서 가장 저성과자는 누구일까요? 바보 같이 퍼주기만 하는 호구 C입니다. 그렇다면 가장 고성과자는 누구일까요? 놀랍게도 이 또한 C입니다. 그런데 호구 C와 놀라운 성과

---

44. "이기적 이타주의자", 앨런 패닝턴 저, 김선아 역, 사람의 무늬, 2011

의 C 사이에는 눈에 띄는 차이점이 있습니다. 애덤 그랜트는《기브 앤 테이크》에서 바로 이기적 이타심이 핵심적인 차이점이라고 말합니다. 앨런 패닝턴이 주장한 바와 같이 자신의 이익을 달성하기 위해 상대를 경쟁자가 아닌 파트너로 인식했다는 것입니다.

애덤 그랜트는 동료 A를 테이커taker(얻는 사람)라고 구분했습니다. 그의 이기적인 행동을 좋아하는 동료들은 없습니다. 동료들도 그를 목적 내 관계로 제한합니다. 상부상조를 모토로 하는 동료 B를 매처matcher(맞수)라고 표현하는데, 대부분의 사람들이 여기에 속합니다. 그는 정의롭지 못한 테이커를 견제하는 역할을 담당하죠. 마지막 동료 C는 기버giver(주는 사람)로 베풀고 상대의 성장을 돕는 데 집중하는 부류입니다. 당연히 많은 사람들이 그와 일하려고 합니다. 자연스럽게 긍정적 관계가 확장되죠.

이때 호구가 아닌 똑똑한 기버는 자신의 성장이라는 목적을 위해 타인의 성장을 돕는다고 합니다. 무조건 퍼주기만 하지 않고 상대방이 이기적인 테이커라면 관계를 더 이상 지속하지 않고, 매처의 행동방식으로 대응한다는 것입니다. 이기적 이타심을 발휘하는 것이죠. 이제 우리 사회는 더 이상 나만 잘한다고 해서 성취할 수 없는 구조로 변해버렸습니다. 개인이 아무리 똑똑해도 평범한 다수의 사람들이 만들어내는 집단지성을 이길 수 없습니다. 혼자서는 올라갈 수 없어요. 하지만 함께하면 가능합니다.

우리가 윤리를 바라보는 태도도 마찬가지입니다. 무조건 선한 것, 좋은 것을 추구하는 것이 아닙니다. 나의 안전하고 행복한 삶이라는 이기심을 충족하기 위해, 사회공동체 안에 있는 사람들을 배척하지 않고 상생해나가는 이타심을 발휘해야 합니다. 지금 대한민국을 살아가는 우리에게 필요한 윤리적 태도는 바로 이기적 이타심입니다.

나의 행복한 일상을 보장받기 위해 당신이 필요하고 당신의 행복한 일상을 보장받기 위해 내가 필요합니다. 어리숙한 선함은 선한 것이 아닙니다. 똑똑한 결과를 도출하는 것이 진정으로 선한 것입니다. 누군가에게 이용당하는 어리숙한 윤리는 윤리가 아닙니다. 우리 삶을 건강하게 변화시킬 수 있는 똑똑한 윤리가 진정한 윤리입니다.

나약한 나와 나약한 너의 연대

우리는 다양한 기준으로 구별되고 때에 따라 차별되기도 합니다. 그러나 구별하고 차별하기 전에 나와 소중한 사람들에게 어떤 영향을 미칠지를 먼저 생각하는 습관이 필요해요. 성적 성향에 따라, 종교에 따라, 정치적 이념에 따라 누군가가 불편할 수는 있습니다. 그러나 그 불편함을 표현했을 때 나에게 어떤 영향이 미칠지, 우리 사회에는 어떤 영향을 미칠지 고려할 수 있어야 합니다. 우리는 위대하고 거창한 대의를 위해 윤리를 추구하는 것이 아닙니다. 윤리가 나의 일상에 영향을 미치기 때문에 윤리를 추구하는 것입니다. 사회 안에서 다중적 지위를 가진 우리는 언제 어디서나 상대적 약자가 될 수 있으니까요. '약자를 보호하는 것'이 보편적 윤리이기에 실천하는 것이 아니라, 언젠가 약자가 될지도 모를 나를 보호하기 위해 윤리를 실천하는 것입니다. 약자는 말 그대로 자신의 권리를 강력하게 방어하기 어려운 조건에 놓여 있습니다. 그럴 때 우리는 어떻게 스스로를 지켜낼 수 있을까요?

지난 2019년 7월 3일 공공부문 비정규직 노동자들이 비정규직 철폐를 외치면 총파업에 돌입했습니다. 당장 학교의 학생들은 급식을 먹지 못하게 되었죠. 한참 많이 먹어야 하는 아이들인데 말이에요. 답답한 건 학부모들도 마찬가지였습니다. 도시락을 싸가거나 학교에서 간편식으로 급식을 대신할 수밖에 없었습니다. 그때 의외의 태도를 보이는 아이들을 보고 깜짝 놀랐습니다.

"불편해도 괜찮아요! 7·3 총파업 응원합니다!" "밥 안 준다 원망 말고 파업 이유 관심 갖자!"[45]

학생들이 SNS를 통해 비정규직 노동자들의 파업을 응원하는 메시지였습니다. 총파업의 가장 큰 피해자들의 생각이라고는 믿어지지 않습니다. 아이들은 왜 불편을 기꺼이 감수하고, 응원을 마다하지 않았을까요? 비정규직의 차별적 처우가 비단 현재 비정규직만의 문제가 아니라고 생각했기 때문입니다. 비정규직이 철폐되지

---

45. JTBC 뉴스룸, 2019.07.02. 앵커브리핑

않으면 가까운 미래 직업인이 될 아이들도 비정규직이 될 수 있다고 생각했기 때문입니다.

지금 바뀌지 않으면 나중에 자신에게 피해가 올지도 모른다는 생각으로 아이들은 불편을 감수하고 비정규직 노동자들이 파업하는 이유에 귀를 기울였습니다. 이 현상을 보도한 방송국은 '을의 연대'라고 표현했습니다. 약한 '나'와 약한 '네'가 연대하는 것이죠. '우리'의 내일을 위해서 말입니다. 혼자는 약하지만 함께하면 강합니다. '1+1'은 '2'가 아니라 '10'이 될 수 있습니다. 우리는 약자의 불편을 남의 일로 치부하지 말아야 합니다. 가까운 미래에 나의 일이 될 수도 있습니다. 상대적 을인 우리에겐 그럴 가능성이 충분히 있으니까요.

가끔 폭력적 투쟁으로 연대하려는 사람들이 있습니다. 그러나 폭력은 본질을 흐리고 또 다른 폭력을 초래할 뿐이죠. 윤리를 추구하는 연대가 비윤리적인 방법을 동원하는 것은 모순입니다. 영화 〈그린북〉에서 인종차별 현장을 목격한 백인 운전기사 토니는 폭력으로 부당함에 대항합니다. 그 모습을 본 흑인 피아니스트 돈 셜리는 이렇게 말합니다.

"폭력으로는 절대 이길 수 없어요. 품위를 지키는 자만이 승리해요."[46]

---

46. '그린북', 2018

약자들은 강자와 똑같은 방법으로는 이길 수 없습니다. 힘의 균형이 맞지 않으니까요. 절대 힘으로 맞서면 안 됩니다. 약자의 힘을 강화할 수 있는 방법이 바로 연대이고 평화이고 합법이며 윤리입니다. 다른 약자들의 공감과 도움이 있어야 하고, 도움을 얻으려면 평화적이어야 합니다. 윤리성을 잃는다면 다른 사람들의 지지를 얻을 수 없습니다. 약자들이 강해지려면 '함께'여야 합니다. '함께'는 우리가 공존하고 상생할 수 있는 유일한 방법입니다. 윤리는 '함께'를 가능케 하는 유용한 수단이며, 우리의 존엄을 실천할 수 있는 유일한 방법입니다.

다음은
당신일 수 있습니다

좋은 어른들의 기억법

공부 잘하는 친구들은 오답 노트를 잘 활용합니다. 틀린 문제만 모아서 노트에 적어두고 처음부터 다시 풀어보는 건데요, 일종의 복기인 셈이죠. 풀이 과정 중 어느 부분에서 오류가 있었는지 꼼꼼히 따져보고 기억해두면 실수를 반복하지 않겠죠. 저는 어른들에게도 삶의 오답 노트가 있어야 한다고 생각합니다. 우리가 일상에서 겪게 되는 크고 작은 일들은 생각보다 자주 반복됩니다. 하지만 비슷한 일을 반복하고 있다고는 생각하지 않는 경향이 많습니다.

산업안전 전문가 허버트 윌리엄 하인리히는 《산업재해 예방 : 과학적 접근》에서 하인리히 법칙Heinrich's Law을 소개하며 유사한 현상이 반복되면 어떤 영향을 미치는지 통계적으로 설명했습니다. 이것은 1 : 29 : 300 법칙으로도 불립니다. 산업재해로 인해 중상자 1명이 발생할 경우 이전에 유사한 경상자가 29명 발생했고, 그 이전에는 부상을 당할 뻔한 300명의 잠재적 부상자가 존재했다는 것입니다.[47] 단지 작은 시그널이라도 무심히 방치하지 말자는 것뿐 아니라 일상의 크고 작은 현상을 쉽게 잊어버리지 말자는 의미도 포함합니다. 하인리히 법칙에서 밝히고 있는 것처럼 유사한 환경에서는 유사한 사건이 반복됩니다. 그러므로 그 사건이 일어난 상황과 나의 결정에 대한 성찰과 복기는 기억의 왜곡을 방지하고 실수의 반복을 방지합니다.

우리는 경험을 통해 배웁니다. 성공이든 실패든 말이죠. 그러나 평범한 경험에서 무언가를 배우기 위해서는 오답 노트에 복기하듯 성찰이 반드시 필요합니다. 내 안에 기록해두었다가 언젠가 반복되었을 때 다시 꺼내서 나아갈 방향을 수립하는 개념이죠. 어쩌다 보니 어른이 된 우리이기에 좋은 어른이 되기 위해 늘 노력해야 합니다. 우리 삶은 '그래서 행복하게 살았습니다'라고 끝나는 동화가 아니라 지금도 현재진행형이기 때문입니다.

---

47. 네이버 지식백과, 두산백과, "하인리히 법칙"

통제보다 자율, 그러나 견제의 자율

사람들은 통제받을 때 효율이 높을까요, 아니면 자율성을 보장받을 때 효율이 더 높을까요? 2020년부터 군부대 내 휴대폰 사용이 전면 허용되었죠? 그러나 시행 전에는 휴대폰 허용에 대한 의견이 분분했습니다. 국민의 기본권인 통신의 자유를 보장하기 위해 휴대폰 소지를 지지하는 의견과 군이라는 특수 환경을 고려하여 정보 유출의 위험성을 방지하기 위해 제한해야 한다는 의견이었습니다.

그렇다면 군인들은 규율 안에서 스스로 통제할 수 있을까요? 아니면 강력한 통제가 필요할까요? 다시 질문하자면 개인의 도덕적 자정 능력으로 사회의 윤리성은 유지될 수 있을까요? 결론부터 말하면 처벌과 같은 강력한 통제는 효과가 거의 없는 것으로 보인다는 것이 심리학자들의 견해입니다. 로랑 베그는《도덕적 인간은 왜 나쁜 사회를 만드는가》에서 형벌 자체가 범죄를 억제하는 효과는 그리 크지 않다고 주장합니다. 미국의 사형제도가 존재하는 주와 그렇지 않은 주의 살인율을 비교한 결과 살인을 억제하는 효과가 전혀 없는 것으로 밝혀졌기 때문입니다. 나아가 사형제도가 오히려 살인을 증가시킨다는 연구 결과도 있으니 사형제도와 같은 강력한 통제가 일종의 야수화를 강조한다고 보는 것입니다.[48]

개인의 자기검열과 자정 능력에 따라 도덕적 자율의 허용 정도

---

48. "도덕적 인간은 왜 나쁜 사회를 만드는가", 로랑 베그 저, 이세진 역, 부키, 2013

는 달라질 것입니다. 그렇다면 사람들에게 도덕적 자율을 보장하면 사회의 건전성도 보장할 수 있을까요?

"절대 권력은 절대 부패한다." 영국의 정치가이자 역사가인 존 에머리치 에드워드 달버그 액튼John Emerich Dalberg-Acton의 말입니다. 그는 권력 자체가 부패하기 쉬운 속성을 갖고 있다고 말합니다. 권력이라고 말하니 우리 같은 소시민들에게는 조금 거리감이 느껴지죠. 일단 여기서 말하는 권력은 일종의 갑의 위치에 있는 상대적 권력이라고 이해하면 좋습니다. 소수가 아닌 다수, 비주류가 아닌 주류의 영향력을 의미하죠.

왕따나 직장 내 괴롭힘, 혐오의 주체자가 바로 상대적 권력자입니다. 그들이 가진 권력이 물리적으로 대단한 것은 아닐지라도 상대적 우월감을 갖기에는 충분합니다. 왕따나 직장 내 괴롭힘, 혐오 자체가 상대적 우월감을 표출하는 폭력적 행위이니 말이죠. 그렇다면 사회의 윤리성을 훼손하는 이런 행위를 막을 방법은 무엇일까요? 강제적 통제가 효과 없다면 손을 놓고 있어야 할까요?

로랑 베그의 다른 실험을 통해 해답을 찾아볼 수 있습니다. 그의 연구에 따르면 조깅하는 사람들은 자기를 보는 사람이 없다고 생각할 때보다 누군가 보고 있다고 생각할 때 좀 더 열심히 달린다고 합니다. 심지어 공중화장실에 혼자 있을 때보다 다른 사람들이 있을 때 볼일을 보고 나서 손을 씻는 빈도가 높은 것도 같은 맥락입니다.[49] 강제적 통제만으로는 눈에 띄는 윤리성을 회복하기 어렵지만, 누군가의 견제는 윤리성을 유지하는 데 긍정적인 영향을 미친다고 정리할 수 있습니다.

그럼 앞서 언급한 군부대 내 핸드폰 사용이 어떤 영향을 미쳤는지 1년 정도 시간이 지난 지금 다시 점검해볼까요? 국방부에서 발표한 자료에 따르면 심리적 안정지수는 57퍼센트에서 97.5퍼센트로 40퍼센트 넘게 오르는 결과를 가져왔으며,[50] 자살률은 44퍼센트, 탈영률도 30퍼센트가량 감소하였다고 발표하였습니다.[51] 안타깝게도 우려하던 내부정보의 유출이나 타 범죄에 핸드폰이 활용되었던 사례도 발생하였습니다. 그러나 코로나로 휴가도 통제된 환경에서 핸드폰 사용이 심리적 고립감과 우울증을 해소하는 긍정적 작용으로 더 크게 작용했다는 분석이 우세합니다.

개인의 자유 의지를 무시한 억압적 통제는 공감적 실행을 이끌지 못합니다. 그러나 누군가의 견제는 사회 안에서 좋은 사람으로 인정받고 싶은 욕구를 자극하므로 일탈 행위를 자제시키는 역할을 수행하죠. 조건부 선인이자 악인인 평범한 사람들에게 타인의 견제는 윤리적 일탈을 막아주는 효과적인 장치임엔 분명합니다.

로랑 베그는 규칙을 존중하는 마음은 감시에 대한 두려움보다

---

49. 앞의 책

50. 국방부, 대한민국 정책브리핑, 2020.06.26. "일과 후 병 휴대전화 사용, 7월 1일부로 전면시행"

51. MBC 뉴스데스크, 2021.02.15. "[단독] 휴대전화 허용했더니…병사들 자살·탈영 '뚝'"

소속감과 자발적 동의에서 비롯된다고 충고합니다.[52] 이처럼 우리에게는 통제보다 자율이 필요합니다. 그러나 견제 없는 자율은 오염되기 쉽습니다. 견제가 존재해야 윤리가 올바로 기능할 수 있습니다. 이것이 나와 당신이 필요한 이유입니다. 누군가의 일탈이나 소외를 파수꾼의 눈으로 견제하며 바라봐야 하는 이유인 것이죠. 지금 누군가 옆에 있다면 그의 눈을 바라보고 이렇게 얘기해주세요. "당신이 있어 참 든든하고 좋습니다."

당신은 좋은 어른인가요?

좋은 어른이 되기 위해 함께 공부해온 당신에게 마지막 질문을 해야 할 시간입니다.

"당신은 좋은 어른인가요?"

질문을 하는 저도 '좋은 어른'이라고 자신 있게 말하지 못합니다. 그러나 적어도 어제보다는 '좋은 어른'이 되기 위해 노력하고는 있습니다. 완벽하지는 못하더라도 매일 조금씩 좋은 어른이 되어가고 있다고 말할 수는 있습니다. 이런 측면에서 당신은 좋은 어른인가요? 이 책을 읽는 것만으로도 당신은 좋은 어른이 되어가고 있다고 저는 생각합니다.

그렇다면 당신은 왜 좋은 어른이 되고 싶은가요? 당신의 아이들

---

52. "도덕적 인간은 왜 나쁜 사회를 만드는가", 로랑 베그 저, 이세진 역, 부키, 2013

에게 좋은 미래를 물려주기 위해서, 이 사회가 보다 정의로웠으면 하는 바람에서, 그저 좋은 사람으로 살아가고 싶어서 등 여러 가지 이유가 있을 것입니다. 그러나 잊지 말아야 할 확실한 이유가 한 가지 있습니다. 다음 번 우연한 피해자가 당신일 수도 있다는 이유입니다. 윤리적인 가치관과 구체적인 윤리 시스템이 작동하지 않는 사회에서는 누구나, 언제든지, 우연한 계기로 피해자와 가해자가 될 수 있습니다. 그런 사회에서 약자는 상대적 권력자에 의해 철저히 자리를 뺏기고 맙니다. 뉴스에나 나오는 일면식조차 없는 누군가의 고통이 나의 고통이 될 수 있습니다.

2014년 침몰한 세월호를 비롯해 크고 작은 사회적 참사의 피해자가 당신과 내가 될 수 있다는 사실을 두렵지만 매일 마주해야 합니다. 이것이 윤리적 안테나를 높이고, 윤리적 앎을 학습하고, 윤리적 의사결정력을 높여, 윤리적 실행을 일상화해야 하는 가장 근본적인 이유입니다. 누군가의 일탈을 눈감지 않고 견제하는 것은 공존을 넘어 상생해나가야 하는 공동체 일원의 책임이자 의무입니다.

이런 윤리적 자기결정력을 높이기 위해 우리는 무수히 많은 의무를 짊어져야 하고, 익숙하지 않은 개념을 이해해야 합니다. 그러나 윤리는 어렵거나 철학적인 것이 아닙니다. 오히려 너무나 사소하고 너무나 일상적이며 너무나 인간적입니다. 그런데 정작 우리가 윤리를 어렵다고 여기는 이유는 아이러니하게도 윤리를 잘 알고 있다는 착각 때문입니다. 보편적 가치를 알고 있기는 하지만, 일상에서 어떻게 적용하고 실행해야 할지를 모르면서 다 알고 있다고 착각하며, 심지어 언제든지 마음만 먹으면 실천할 수 있다고 여기기 때문입니다. 따라서 좋은 어른이 되기 위한 첫걸음은 '알고자 노력하는 것' 바로 여기에서 시작하는 것입니다.

"우리는 정당하게 행동함으로써 정당해지고, 절제함으로써 절제하는 사람이 되고, 용감하게 행동함으로써 용감해진다."[53] 아리스토텔레스의 말입니다. '정당함'의 의미를 아는 것이 중요한 것이 아닙니다. 행동으로 나타낼 때 비로소 가치를 발합니다. '용감함'도 마찬가지입니다. 행동으로 표현하지 않는다면 용감한 것이 아무 의미가 없습니다. '윤리' 역시 개념으로 머물러서는 안 됩니다. 우리가 윤리를 실천하는 이유는 소중한 사람들의 행복과 안전한 일상을 만들기 위해서입니다. 그것이 당신과 나를 지켜내는 가장 확실한 방법입니다. 윤리는 어려운 관념이 아니라 우리 일상에 낮고 깊게 스며 있는 구체적인 행동 양식이라는 점을 꼭 기억합시다.

윤리의 경쟁력

잘 산다는 것은 어떻게 사는 것일까요? 아무런 시련이나 고통

---

53. "돈으로 살 수 없는 것들", 마이클 센델 저, 안기순 역, 와이즈베리, 2012

없이 하루하루를 보내는 것일까요? 저는 그렇게 생각하지 않습니다. 우리 삶에서 시련이나 고통이 없는 상태는 있을 수 없으니까요. 잘 산다는 것은 그럼에도 불구하고 잘 극복해내는 것이라고 생각합니다. 극복하는 과정에서 의사 결정의 기준을 '윤리'에 두는 것이죠. 윤리적 기준으로 극복해나가기 위해서는 두 가지 자기 확신이 있어야 합니다.

첫째는 윤리에 대해 잘 알고 있다는 자기 확신입니다. 윤리의 의미뿐 아니라 구체적인 실행 방법을 잘 알고 있다는 의미죠. 그렇다면 그런 자기 확신을 어떻게 확인할 수 있을까요? 누군가에게 명쾌하게 설명할 수 있다면 스스로 잘 알고 있다고 확신해도 좋습니다. 이것은 윤리에만 국한되는 개념이 아닙니다. 무엇이든 쉽게 설명할 수 있다는 것은 그만큼 충분히 이해하고 상대의 입장에서 적용점을 찾을 수 있다는 뜻이니까요.

둘째는 매일 윤리를 실천하고 있다는 자기 확신입니다. 이것이야말로 핵심적인 부분이라고 말할 수 있는데요, 이 또한 스스로 검증할 수 있습니다. 앞서 말씀드린 일상 속 사소한 윤리실천 리스트를 작성하고 매일 점검해보는 겁니다. 윤리실천 항목이 더 많아질수록 윤리적 실천에 대한 자기 확신을 가져도 좋습니다.

윤리적 자기 확신은 자존감은 물론 자기효능감을 높여주는 효과가 있습니다. 요즘은 '윤리의 시대'라고 불러도 될 만큼 다양한 곳에서 윤리적 검열이 자리잡고 있습니다. 기업의 건전성이 실시간 고객들에게 공개되는 것은 물론 매출에까지 반영되고 있습니다. 기업에는 더 이상 그들만의 리그를 허용하지 않으려는 파수꾼들이 늘어나고 있습니다.

정치권에서는 과거의 비윤리적 행위가 청문회에서 발목을 잡고 있죠. 예전에는 철밥통이라 불리던 공직사회도 비윤리적 행위로 그 기능이 축소되고 조직이 재편되기도 합니다. 공정을 요구하는 사회로 진화하고 있는 거죠. 이 글을 보면서 '공정은 무슨, 아직 멀었어.' 이렇게 생각하시는 분들도 계실 거예요. 비록 우리의 기대치에는 미치지 못하더라도 우리 사회는 분명히 20년 전보다 공정하게 진화했으며, 10년 전보다 윤리적으로 진화했습니다. 이 말은 분명 1년 뒤에는 더욱 공정하게 진화할 것이며, 10년 뒤에는 더욱 윤리적으로 진화해 있을 거라는 확신입니다. 이런 사회적 진보로 인해 윤리는 경쟁력 있는 직장인이 갖추어야 할 필수 역량으로 자리매김하고 있으며, 이것은 전 세계적인 흐름이기도 합니다. 우리는 발 빠르게 거대한 윤리적 변화에 동참해야 합니다.

이제 우리는 관점을 바꿔야 합니다. 윤리를 고리타분한 꼰대의 얘기로 치부하지 말고, 생존을 위한 필수 요소로 인식할 시점입니다. 윤리는 당신의 삶을 보다 명료하고 매력적으로 만들어주는 차별 포인트입니다. 윤리는 당신을 이 세상에서 대체 불가능한 유일한 존재로 만들어줄 강력한 도구입니다.

기억하세요. 이 세상에 당신보다 가치 있는 존재는 없습니다.

그러니 윤리라는 시스템을 가동하세요. 이제 윤리가 당신의 삶에서 일할 시간입니다.

참고문헌

· EBS 지식채널e
· JTBC
· JTBC 뉴스룸
· KBS 시사기획
· 경향신문
· 국가인권위원회, 「혐오표현 실태조사 및 규제방안 연구」, 국가인권위원회, 2016
· 김기찬, 송창석, 박은규 공저, 『한국의 윤리경영』, 프리이코노미북스, 2014
· 네이버 지식백과
· 노컷뉴스
· 뉴스1
· 뉴시스
· 댄 애리얼리, 『거짓말하는 착한 사람들』, 이경식 역, 청림, 2012
· 로랑 베그, 『도덕적 인간은 왜 나쁜 사회를 만드는가』, 이세진 역, 부키, 2013
· 마이클 센델, 『돈으로 살 수 없는 것들』, 안기순 역, 와이즈베리, 2012
· 박혜경, 「집단 괴롭힘의 전개과정과 역할구조에 관한 연구」, EBS 지식채널 e
· 서울신문
· 세계일보
· 앨런 패닝턴, 『이기적 이타주의자』, 사람의 무늬, 2011
· 에델만 신뢰도 지표조사, 2019
· 연합뉴스
· 오기서, 이차균, 손혜신 공저, 『인성과 직업윤리』, 양성원, 2017
· 오찬호, 『하나도 괜찮지 않습니다』, 블랙피쉬, 2018
· 위키백과
· 윤성우, 「집단따돌림 방관자에 대한 또래 지지프로그램의 효과」, EBS 지식채널 e
· 이투데이
· 전남일보
· 파이낸셜뉴스
· 한겨레신문
· 한경경제용어사전
· 한국경제
· 한국일보